Journal de Margaret Smith,

partie 1 du volume V des œuvres de John Greenleaf Whittier

John Greenleaf Whittier

Writat

Cette édition parue en 2024

ISBN : 9789359946320

Publié par
Writat
email : info@writat.com

LE JOURNAL DE MARGARET SMITH

DANS LA PROVINCE DE LA BAIE DU MASSACHUSETTS

1678-9.

BOSTON, le 8 mai 1678.

Je me souviens que j'avais promis à mon aimable cousin Oliver (que je prie Dieu d'avoir toujours sous sa garde), lorsque je me suis séparé de lui il y a environ trois mois, chez mon oncle Grindall , qu'en arrivant dans ce nouveau pays, je le ferais, pour lui et pour sa lecture, tenir un petit journal de tout ce qui m'est arrivé ainsi qu'à ceux avec qui je pourrais séjourner ; ainsi que quelques récits du pays et de ses merveilles, ainsi que mes propres réflexions à ce sujet. Ainsi, aujourd'hui, je fais un début de la même chose ; quoique, comme mon cousin le sait bien, non pas par vanité de la paternité, ni par confiance indue dans ma faible capacité à édifier quelqu'un qui tient justement en réputation parmi les savants, mais parce que mon cœur me dit que ce que j'écris, quoi qu'il en soit, si erroné, sera lu par l'œil partiel de mon parent, et non avec l'observation critique du savant, et que son amour n'aura pas de difficulté à excuser ce qui offense son jugement de clerc. Et, pour m'enhardir, je n'oublierai jamais que j'écris pour mon ancien camarade de jeu de cache-cache dans la ferme de Hilton, le même qui cherchait des fleurs pour moi au printemps, et qui J'ai rempli mon tablier de noisettes à l'automne, et qui était alors, je le crains, à peine plus sage que sa cousine encore stupide, qui, si elle n'a pas appris depuis autant de choses nouvelles que lui, s'est peut-être souvenue davantage des vieilles choses. . C'est pourquoi, sans autre préface, je commencerai mon compte rendu.

Je n'ai pas besoin de parler de mon voyage, car j'en ai déjà parlé dans mes lettres, et cela me gêne beaucoup d'y penser. Oh, une très longue et lugubre période de maladie et de grands inconforts, et de nombreuses pensées tristes à propos de tout ce que j'avais laissé derrière moi, et des craintes à propos de tout ce que j'allais rencontrer en Nouvelle-Angleterre ! Je ne peux le comparer qu'à un vilain rêve. Quand nous arrivâmes enfin à Boston, la vue de la terre et des arbres, même s'ils étaient extrêmement sombres et nus (c'était une saison tardive et un froid mordant), était comme une vision d'un monde meilleur. En passant devant les petites îles boisées qui rendent la baie très agréable, nous entrâmes de près dans la ville et vîmes les maisons ; et les vergers, et les prairies, et les collines au-delà couvertes de grandes forêts, mon frère, levant ses deux mains, s'écria : « Comme tes tentes sont belles, ô Jacob, et tes habitations, ô Israël ! et pour ma part, j'ai pleuré de joie et de reconnaissance de cœur, que Dieu nous ait amenés en toute sécurité dans un si beau havre. L'oncle et la tante Rawson nous ont rencontrés sur le quai et nous ont mis très à l'aise dans leur maison, qui est à environ un demi-mille du bord de l'eau, au pied d'une colline, avec une forêt de chênes derrière elle, pour la mettre à l'abri des intempéries. vent du nord, qui est ici très perçant. Oncle est secrétaire du Massachusetts et passe une grande partie de son temps en ville ; sa femme et sa famille sont avec lui pendant la saison hivernale, mais ils passent leurs étés dans sa plantation sur la rivière Merrimac, à Newbury. Sa fille, Rebecca, a à peu près mon âge, elle est très grande et d'apparence féminine ; elle ressemble à son frère John, qui était chez l'oncle Hilton l'année dernière. Elle a, de plus, un esprit agréable et a vu une très bonne compagnie, étant grandement admirée par les jeunes hommes de famille et de distinction de la province . Elle a été très gentille avec moi, me disant qu'elle me considérait comme une sœur. En outre, j'ai été reçu courtoisement par plusieurs des principaux personnages, tant du révérend clergé que de la magistrature. Je ne dois pas non plus m'abstenir de mentionner une visite que j'ai rendue avec oncle et tante Rawson chez un vieux magistrat de haute estime et d'influence dans ces régions. Il me salua courtoisement et s'enquit de notre famille et demanda si j'avais été admis dans l'Église. Quand je lui dis que non, il fronça les sourcils et me regarda très sévèrement.

« M. Rawson, dit-il, votre nièce, je le crains, a bien plus besoin d'une parure spirituelle que de gadgets comme ceux-ci » et il saisit si fort ma collerette en dentelle que j'entendis les points se briser ; puis il m'a arraché les manches pour voir quelle était leur largeur, bien qu'elles ne fussent qu'une demi-aune. Madame osa dire un mot pour m'encourager, car elle voyait que j'étais très confus et troublé, mais il ne l'écouta pas, mais continua à parler très haut contre la folie et le gaspillage de l'époque. La pauvre Madame est une femme calme et d'apparence maladive, et elle ne semble pas peu impressionnée par son mari, ce qui ne m'étonne pas, car il a une manière très impatiente et rébarbative avec lui, et, je dois dire, semblait se comporte parfois durement envers elle. L'oncle Rawson dit qu'il a eu beaucoup à mettre à l'épreuve son caractère ; qu'il y a eu de nombreuses et douloureuses difficultés dans l'Église comme dans l'État ; et il a des ennemis acharnés, parmi certains membres du Tribunal, qui le considèrent comme trop sévère envers les Quakers et autres perturbateurs et râleurs . Je lui ai dit que c'était sans aucun doute vrai ; mais que je pensais que c'était une mauvaise utilisation des châtiments du Seigneur que d'insulter ses meilleurs amis pour les torts commis par ses ennemis ; et que devoir expier ce qui se passait mal dans l'Église ou dans l'État était une sorte de souffrance indirecte que, si j'étais à la place de Madame, je ne supporterais pas avec la moitié de sa patience et de sa douceur.

Ipswitch , près d'Agawam, le 12 mai.

Nous sommes partis avant-hier notre voyage vers Newbury. Nous étions huit : Rebecca Rawson et sa sœur, Thomas Broughton, sa femme et leur domestique, mon frère Leonard et moi-même, ainsi que le jeune Robert Pike, de Newbury, qui était venu à Boston pour affaires, son père ayant grandes pêcheries en rivière comme en mer. Il est, je le vois, un grand admirateur de mon cousin, et ce n'est pas sans raison ; car elle a dans l'esprit et dans la personne, dans sa démarche gracieuse et son discours agréable, et une certaine égarement non désagréable, comme celle d'un enfant joyeux, ce qui fait que sa compagnie est recherchée de tous. Notre itinéraire du premier jour s'étendait à travers les bois et le long des lisières de grands marais et prairies au bord de la mer. Nous sommes arrivés à Linne de nuit et nous nous sommes arrêtés chez un parent de Robert Pike, un homme d'une certaine importance et d'une certaine notoriété dans cette colonie. Nous étions fatigués et affamés, et le souper composé de pain indien chaud et de lait sucré était aussi savoureux que tout ce que j'avais jamais mangé dans le vieux pays. Le lendemain, nous avons continué par une mauvaise route jusqu'à Wenham, en passant par Salem, qui est une ville assez agréable. Nous nous y sommes arrêtés jusqu'à ce matin, puis nous sommes remontés à cheval et sommes arrivés à cet endroit après une belle promenade de trois heures. Le temps du matin était chaud et doux comme nos journées d'été à la maison ; et, tandis que nous traversions les bois, où les jeunes feuilles voltigeaient, et les fleurs blanches des fleurs des vents, et les violettes bleues et les fleurs jaunes des primevères dans les basses terres, nous apercevions de chaque côté, et le les oiseaux faisant tout le temps une grande et agréable mélodie dans les branches, j'étais heureux de cœur comme un enfant, et je pensais que si mes amis bien-aimés et mon cousin Oliver étaient seulement avec nous, je ne pourrais jamais souhaiter quitter un si beau pays.

Juste avant d'atteindre Agawam, alors que je chevauchais un peu avant mes compagnons, je fus très surpris par la vue d'un Indien. Il se tenait près de l'allée cavalière, son corps à moitié nu en partie caché par un bouquet de bouleaux blancs, à travers lequel il me regardait avec des yeux comme deux charbons ardents. J'ai pleuré pour mon frère et j'ai fait demi-tour lorsque Robert Pike est arrivé et m'a dit de me réconforter, car il connaissait le sauvage et qu'il était amical. Sur quoi il lui ordonna de sortir des buissons, ce qu'il fit après quelques pourparlers. C'était un homme de grande taille, de constitution très belle et très jolie, et il portait une couverture de laine rouge sur laquelle tintaient des perles et de petites coquilles. Sa peau était basanée, pas noire comme celle d'un Maure ou d'un Guinéen, mais d'une couleur qui n'était pas sans rappeler celle d'une pièce de monnaie en cuivre ternie. Il parlait peu, et cela dans sa propre langue, très dure et très étrange à mon oreille. Robert Pike me dit qu'il est le chef des Agawams , autrefois une grande nation dans ces régions, mais maintenant assez petite et brisée. Alors que nous avancions, et que du haut d'une colline nous avions une belle vue sur la grande mer à l'est, Robert Pike me fit remarquer une petite baie, autour de laquelle je pouvais voir quatre ou cinq petites cabanes ou tentes à pointe, debout. juste là où le sable blanc de la plage rencontrait la ligne verte d'herbe et de buissons des hautes terres.

« Là, » dit-il, « se trouvent leurs maisons d'été, qu'ils construisent près de leurs terrains de pêche et de leurs champs de maïs. En hiver, ils s'en vont loin dans le désert, où le gibier est abondant de toutes sortes, et y construisent leurs wigwams dans des vallées chaudes et couvertes d'arbres, qui servent à les abriter des vents.

« Examinons-les », dis-je à la cousine Rébecca ; "il semble qu'il n'y ait qu'un jet de pierre de notre chemin."

Elle a essayé de m'en dissuader en les traitant de gens sales et immondes ; mais voyant que je ne devais pas me laisser décourager, elle finit par consentir, et nous descendîmes la colline à cheval, les autres la suivant. En chemin, nous avons eu le malheur de traverser leur champ de maïs ; alors deux ou trois femmes et autant de garçons poussèrent un cri très hideux à entendre ; sur quoi Robert Pike arriva et les apaisa en leur donnant de l'argent et un verre d'alcool de Jamaïque, dont ils parurent très satisfaits. J'ai regardé dans une de leurs cabanes ; il était fait de poteaux comme une tente, sauf qu'il était recouvert d'écorce de bouleau argentée, au lieu d'étoffe de chanvre. Un tapis d'écorce, tressé de nombreuses couleurs extrêmement brillantes, recouvrait une bonne partie de l'espace intérieur ; et aux perches nous vîmes des poissons suspendus et des lanières de viande séchée. Dans un coin, sur un tas de peaux, était assise une jeune femme avec un enfant qui allaitait ; ils avaient tous deux l'air tristement sauvages et négligés ; elle avait pourtant un visage agréable, et comme elle se penchait sur son petit, ses longs cheveux raides et noirs tombant sur lui, et murmurant une mélodie basse et très plaintive, j'oubliais tout sauf qu'elle était une femme et une mère. , et je sentais mon cœur grandement attiré vers elle. Alors, confiant mon cheval en charge, je m'aventurai vers elle, lui parlant aussi gentiment que possible et demandant à voir son enfant. Elle m'a compris et m'a montré en souriant son petit papoose, comme elle l'appelait , que, à vrai dire, je ne pouvais pas qualifier de très joli. Il semblait avoir un air sauvage et timide, comme la progéniture d'un animal indompté. La femme portait une couverture aux franges voyantes et un collier de perles autour du cou. Elle descendit un panier tressé de saules blancs et rouges et me pressa de goûter son pain ; ce que je fis, afin de ne pas offenser sa courtoisie en refusant. Il n'était pas de mauvais goût, quoique si dur qu'on pouvait à peine le mordre, et il était fait de semoule de maïs sans levain, mélangée à une baie séchée, ce qui lui donne une saveur douce. Elle me raconta, de son air brisé, que la tribu entière ne comptait plus que vingt-cinq hommes et femmes, comptant le nombre très vite avec des grains de maïs jaunes, sur le coin de sa couverture. Elle était, disait-elle, la plus jeune femme de la tribu ; et son mari, Peckanaminet , était l'Indien que nous avions rencontré sur le sentier équestre. Je lui ai donné un joli morceau de ruban et un tablier pour l'enfant ; et elle me remercia à sa manière, nous accompagnant dans notre retour sur le chemin ; et après avoir avancé un peu, j'ai vu son mari courir vers nous ; alors, arrêtant mon cheval, j'attendis qu'il vienne, lorsqu'il m'offrit un beau et gros poisson qu'il venait de prendre, en reconnaissance, à mon avis, de mon cadeau à sa femme. Rebecca et Maîtresse Broughton rirent et lui dirent d'emporter l'objet ; mais je ne l'ai pas toléré, alors Robert Pike l'a pris et l'a amené à notre lieu de séjour actuel, où en vérité il a préparé un bon souper pour nous tous. Ces pauvres païens ne semblent pas aussi mauvais qu'on l'a rapporté ; ils sont comme nous-mêmes, il leur manque seulement nos connaissances et nos opportunités, dont, en effet, nous ne pouvons pas nous vanter, mais des dons de Dieu, qui appellent une humble gratitude, une prière et une vigilance quotidiennes, afin qu'ils soient à juste titre améliorés.

Newbery sur le Merrimac, le 14 mai 1678.

Nous étions à peine en route hier, depuis Agawam, qu'un fringant jeune galant est arrivé très vite derrière nous. Il était assez vêtu d'étoffes riches et chevauchait un bourreau de bon courage. Il nous salua avec beaucoup d'aisance et de courtoisie, offrant des compliments particuliers à Rébecca, à qui il semblait bien connu, et que je crus à la fois heureuse et surprise de sa venue. Alors que je m'approchais, elle m'a dit que cela lui faisait une grande joie de faire connaissance l'un avec l'autre, Sir Thomas Hale, un bon ami de son père, et sa cousine Margaret, qui, comme lui, était une nouvelle venue. Il répondit qu'il devrait considérer avec faveur toute personne qui lui serait proche en amitié ou en parenté ; et, après avoir appris le nom de mon père, il dit qu'il l'avait vu chez son oncle, Sir Matthew Hale, il y a de nombreuses années, et qu'il pouvait se porter garant de lui comme d'un homme digne. Après quelques agréables et joyeuses discussions avec nous, lui et mon frère entamèrent une conversation sur l'état des choses dans la colonie, sur la guerre lamentable avec les Indiens Narragansett et Pequod, ainsi que sur la croissance de l'hérésie et du schisme dans les églises, qui ces dernières il n'a pas hésité à s'en prendre à la mauvaise politique du gouvernement intérieur en contrôlant la saine sévérité des lois adoptées ici contre les intrigants et les râleurs . "Je suis tout à fait d'accord", dit-il, "avec M. Rawson, qu'ils auraient dû en pendre dix là où ils en ont fait un." La cousine Rebecca a dit qu'elle était sûre que son père était maintenant heureux que les lois aient été modifiées et qu'il lui avait souvent dit que, même si les condamnés méritaient leur punition, il n'était pas sûr que ce soit la meilleure façon de réprimer l'hérésie. Si elle était dirigeante, continua-t-elle, à sa manière joyeuse, elle enverrait tous les intrigants et les râleurs , ainsi que tous les gens aigris, grincheux et occupés dans les églises, au Rhode Island, où toutes sortes de folies, tant dans le domaine spirituel que dans le domaine spirituel. les temporels étaient permis, et une tête folle ne pouvait en faire des reproches à une autre.

En reculant un peu et en attendant l'arrivée de Robert Pike et de Cousin Broughton, je les vis émerveillés par l'arrivée du jeune gentleman, qui, apparemment, n'avait aucune préoccupation particulière dans ces régions, autre que sa connaissance de Rebecca et son désir de sa compagnie. Robert Pike, comme il est naturel, ne le considère pas avec une grande partialité, mais il admet qu'il est bien élevé et qu'il possède des connaissances nombreuses et variées, acquises au cours de voyages lointains ainsi que d'études. Je dois dire que je n'aime pas ses manières et son attitude confiantes et audacieuses envers ma belle cousine ; et il ressemble plus à un pendard rebuté à la cour qu'à un gentilhomme de campagne modeste et convenable, d'une maison posée et bien ordonnée. Maîtresse Broughton dit qu'il n'était pas au début accrédité à Boston, mais que son père, et M. Atkinson, et les principaux gens là-bas maintenant, le considéraient non seulement comme ce qu'il professe , en ce qui concerne sa lignée de gentleman, mais aussi comme instruit et ingénieux et connaisseur des Écritures et des œuvres des écrivains pieux, des temps anciens et modernes. J'ai remarqué que Robert était très silencieux pendant le reste de notre voyage et semblait décontenancé et troublé en présence du gentleman gay ; car, bien qu'il soit un jeune homme beau et beau, de bonne famille et de bonne fortune, et considéré comme solide et judicieux au-delà de son âge, il lui manque néanmoins beaucoup de l'aisance et de l' esprit vif avec lesquels ce dernier se recommande à ma douce parente. Nous traversâmes vers midi un large ruisseau près de la mer, très profond et bourbeux, de sorte que nous mouillâmes un peu nos tuyaux et nos jupes ; et bientôt, à notre grande joie, nous contemplâmes les agréables champs défrichés et les habitations de la colonie, s'étendant sur une bonne distance ; tandis que, par-dessus tout, le grand océan roulait, bleu et froid, sous un fort vent d'est. En traversant un large chemin, avec des champs bien labourés de chaque côté, où des hommes étaient occupés à planter du maïs et des jeunes filles déversant les graines, nous arrivâmes enfin à la plantation de l'oncle Rawson, qui paraissait presque aussi belle et vaste que les terres de Hilton Grange. , avec une bonne maison à charpente et de grandes granges dessus. En remontant la ruelle, nous fûmes accueillis par la gouvernante, une respectable parente, qui nous reçut avec une grande courtoisie. Sir Thomas, bien que pressé de rester, s'excusa pour le moment, promettant de revenir le lendemain, et poursuivit son chemin vers l'ordinaire. J'étais tristement fatigué de mon voyage et j'étais heureux de voir une chambre et un lit confortable.

J'ai été réveillé ce matin par la voix agréable de ma cousine qui partageait mon lit. Elle s'était levée et avait ouvert la fenêtre en regardant vers le lever du soleil, et l'air entra doux et chaud, chargé de la douceur des fleurs et des choses vertes. Et quand je me fus préparé, je m'assis avec elle à la fenêtre, et je pense pouvoir dire que c'était avec un sentiment de louange et de remerciement que mes yeux erraient de haut en bas sur les vertes prairies, les champs de maïs et les vergers. de ma nouvelle maison. Où, pensais-je, insensé, sont les terreurs du désert, qui troublaient tes pensées quotidiennes et tes rêves nocturnes ! Où sont les ombres sombres, les montagnes désolées et les bêtes sauvages, avec leurs hurlements et leurs rages lugubres ! Ici, tout semblait paisible et exprimait confort et contentement. Même les grands bois qui gravissaient les collines au loin semblaient minces et doux, avec leurs jeunes feuilles pâles d'un gris jaunâtre, entremêlées de nuances pâles et argentées, indiquant, comme dit mon cousin, les différentes espèces d'arbres, dont certains , comme le saule, mettent leurs feuilles tôt, et d'autres tard, comme le chêne, dont toute la région abonde . C'était une image douce et tranquille, avec un soleil chaud, très brillant et clair, qui brillait au-dessus, et la grande mer, scintillante d'une lumière excessive, délimitant la vue de mes yeux, mais portant mes pensées, comme des navires rapides, vers la terre de ma naissance, unissant ainsi, pour ainsi dire, le Nouveau Monde à l'Ancien. Oh, pensais-je, le Dieu miséricordieux, qui renouvelle la terre et la rend joyeuse et courageuse avec de la verdure et des fleurs de diverses teintes et odeurs, et qui fait souffler ses vents du sud et faire tomber ses pluies, afin que le temps des semailles ne manque pas, même ici, aux extrémités de sa création, il farce et embellit le travail de ses mains, faisant se réjouir les lieux déserts et faire fleurir le désert comme la rose. En vérité, son amour s'étend à tous, aux païens indiens comme aux chrétiens anglais. Et quelle abondante raison de remercier ai-je d'avoir été débarqué en toute sécurité sur un rivage si beau et si agréable, et d'avoir pu ouvrir les yeux dans la paix et l'amour par un si doux matin de mai ! Et je pensais à un vers que j'ai appris de ma chère et honorée mère quand j'étais enfant :

"Apprends-moi, mon Dieu, ton amour à connaître,
que cette nouvelle lumière, que je vois maintenant, puisse à la fois l'ouvrage
et l'ouvrier se manifester ; alors par les rayons du soleil je monterai vers
toi."

En descendant, nous trouvâmes sur le rebord de la fenêtre qui donne sur la chaussée, un grand bouquet de fleurs de toutes sortes, comme je n'en avais jamais vu dans mon propre pays, très fraîches et luisantes de rosée. Maintenant, quand Rebecca les prit, sa sœur dit : « Non, ce n'est pas un cadeau de Sir Thomas, car le jeune Pike vient de les quitter. Et, comme je le pensais, elle avait l'air contrariée et mal à l'aise. "Ils sont donc à vous, cousine Margaret," dit-elle en se ralliant, "car Robert et vous avez fait tout le chemin depuis Agawam, et il ne m'a presque pas parlé de la journée. Je vois que j'ai perdu mon vieil amant, et mon petit cousin en a trouvé un nouveau. J'écrirai tout cela à mon cousin Oliver.

"Non," dis-je, "les vieux amants valent mieux que les nouveaux; mais je crains que ma douce cousine ne l'ait pas considéré ainsi." Elle rougit et regarda de côté ; pendant un certain temps, son sourire me manqua et elle parla peu.

20 mai.

Nous avions à peine déjeuné, que celui qu'on appelle Sir Thomas est venu nous voir, et avec lui sont également venus M. Sewall et le ministre de l'Église, M. Richardson, qui tous deux ont cordialement accueilli chez eux mes cousins et ont été polis envers mon frère et moi-même. M. Richardson et Leonard se mirent à discuter de l'état de l'Église ; et Sir Thomas nous a parlé avec vivacité. Après un certain temps, M. Sewall nous a demandé de l'accompagner à Deer's Island, un peu en amont de la rivière, où lui et Robert Pike avaient des hommes qui fendaient des douves pour le marché des Bermudes. Comme le temps était clair et chaud, nous acceptâmes volontiers de partir et partîmes immédiatement vers la rivière, traversant les bois pendant près d'un demi-mille. Quand nous sommes arrivés au Merrimac, nous avons trouvé que c'était un ruisseau grand et large. Nous avons pris un bateau et avons remonté la rivière à la rame, profitant de la vue agréable sur les rives vertes et les rochers suspendus au-dessus de l'eau, couverts de mousses brillantes et parsemés de fleurs blanches et pâles. M. Sewall nous a montré les différentes espèces d'arbres, leur nature et leurs usages, et particulièrement l'arbre à sucre, qui est très beau par sa feuille et sa forme, et dont les habitants de ce pays tirent une sève aussi proche que doux comme le jus de la canne indienne, faisant de la mélasse et du sucre. L'île aux Cerfs a des rivages accidentés et rocheux, très hauts et escarpés, et est bien couverte d'une grande végétation d'arbres, principalement des pins à feuilles persistantes et des pruches qui semblaient extrêmement vieilles. Nous trouvâmes une bonne place sur le tronc moussu d'un de ces grands arbres, tombé à cause de son extrême âge ou à cause de quelque violent coup de vent, d'où nous pouvions voir l'eau se briser en écume blanche sur les rochers, et entendre le bruit. le son mélodieux du vent dans les feuilles des pins et le chant des oiseaux de temps en temps ; et pour que cela ne paraisse trop triste et solitaire, nous pouvions aussi entendre le bruit des haches et des scarabées des ouvriers, fendant le bois non loin de là. Il ne fallut pas longtemps avant que Robert Pike vienne nous rejoindre. Il était en tenue de travail, et son visage et ses mains étaient très décolorés par la noirceur des bûches brûlées, ce que Rebecca remarqua d'un ton ludique : il dit qu'il n'y avait pas de miroirs dans les bois, et ce devait être ses excuses ; qu'en outre, il n'était pas devenu pour un homme simple, comme lui, qui devait faire fortune dans le monde, de tenter d'imiter ceux qui n'avaient qu'à ouvrir la bouche, d'être nourris comme de jeunes rouges-gorges, sans peine ni labeur. . Ceux-là pourraient y aller aussi courageusement qu'ils le feraient, s'ils voulaient seulement excuser sa nécessité. Je pensais qu'il parlait avec une certaine amertume, ce qui, en effet, n'était pas sans excuse, que les manières de notre gai jeune gentleman à son égard sentaient beaucoup d'orgueil et de mépris. Ma cousine bien-aimée, qui a bon cœur et qui, je dois le penser, en dehors de la richesse et de la famille de Sir Thomas, est plutôt encline à son vieil ami et voisin, lui a parlé joyeusement et gentiment, et m'a prié en privé de faire quelque chose. pour l'aider à se débarrasser de sa contrariété. Nous avons donc discuté de beaucoup de choses très agréablement. M. Richardson, après avoir entendu Rebecca dire que les Indiens prenaient les bruits mélancoliques des pins dans le vent pour les voix des esprits des bois, dit qu'ils lui rappelaient toujours les sons des mûriers que les Le Prophète en a parlé . Sur ce, Rébecca, dont la mémoire est bien pourvue en lectures diverses , tant de poètes que d'autres écrivains, cita fort à propos quelques vers ingénieux, touchant à ce que les païens racontent de l'Arbre Sacré de Dodone, dont les feuilles bruissent les prêtresses nègres. était considéré comme le langage des dieux. Et un écrivain récent, dit-elle, avait quelque chose dans l'une de ses pièces, qui pourrait bien évoquer le vieux tronc d'arbre mort sur lequel nous étions assis. Et quand nous désirâmes tous en connaître la portée, elle les répéta ainsi :

" Bien sûr , tu as fleuri autrefois, et de nombreuses sources,
de nombreux matins lumineux, beaucoup de rosée, de nombreuses averses,
sont passées au-dessus de ta tête ; de nombreux cœurs et ailes légers, qui
sont maintenant morts, logés dans tes tours vivantes. "

"Et toujours une nouvelle succession chante et vole,
De nouveaux bosquets poussent et leurs branches vertes jaillissent vers les
cieux anciens et toujours durables, tandis que la violette basse prospère à
leur racine."

Ces lignes, dit-elle, ont été écrites par un certain Vaughn, docteur en médecine gallois du Brecknockshire , qui avait imprimé un petit livre il y a peu d'années. M. Richardson a déclaré que les répliques étaient bonnes, mais qu'il considérait la lecture des ballades et les vanités des rimeurs comme une perte de temps, pour ne rien dire de pire. Sir Thomas dit ici que, autant qu'il pouvait en juger, les dignes gens de la Nouvelle- Angleterre n'étaient pas très tentés de commettre ce péché par leurs propres poètes, et il répéta alors, d'un ton drôle , quelques versets du 137e Psaume, qu'il ont dit que c'étaient les meilleurs qu'il ait vu dans le livre des psaumes de Cambridge : -

"Les fleuves de Babylone,
Là, quand nous nous asseyions, Oui, même alors, nous pleurions en nous souvenant de Sion.

Nous avons suspendu notre harpe au milieu
du saule ; Parce que là, ils nous ont emmenés en captivité !

Il nous a demandé un chant, et nous a donc
demandé de nous réjouir, nous qui étions couchés, Chantez-nous parmi un
chant de Sion, comme ils le disaient alors.

"Non, Sir Thomas", dit M. Richardson, "il n'est pas convenable de plaisanter sur la Parole de Dieu. Les auteurs de notre livre de Psaumes en mètres ont soutenu à juste titre que l'autel de Dieu n'a pas besoin d'être poli; et en vérité ils ont rendu le paroles de David en vers anglais avec une grande fidélité. »

Notre jeune gentleman, ne voulant pas déplaire à un homme aussi estimé que M. Richardson, fit ici des excuses pour sa plaisanterie et dit que, quant à la version de Cambridge, elle était effectivement fidèle ; et que ce n'était pas un reproche aux hommes non inspirés, qu'ils n'aient pas atteint les beautés et la richesse du Psalmiste du Seigneur. Comme il était presque midi, nous traversâmes la rivière, où se trouvait une source d'eau douce, très claire et brillante, qui coulait sur la rive verte. Or, comme nous avions soif, n'ayant pas de tasse pour boire, voyant des gens près de nous, nous les appelâmes, et bientôt accourut vers nous une jeune et modeste femme, avec une chope d'étain brillant, qu'elle remplit et nous donna. Je la trouvais douce et belle, comme Rebecca autrefois, à la fontaine de son père. Elle était sur le point de partir, lorsque M. Richardson lui dit que c'était une honte pour une personne comme elle de prêter attention aux divagations des Quakers, et lui dit d'être une bonne fille et de venir à la réunion.

"Non," dit-elle, "j'y suis allée souvent, pour un petit profit. L'esprit que tu persécutes témoigne contre toi et contre ta rencontre.

Sir Thomas lui demanda en plaisantant si l'esprit dont elle parlait n'était pas celui qui possédait Marie-Madeleine.

"Ou les porcs des Gadarènes ?" » a demandé M. Richardson.

J'ai souri avec les autres, mais j'en ai été désolé pour le moment ; car la jeune fille ne répondit pas un mot à cela, mais se tournant vers Rébecca, elle dit : « Ton père a été dur avec nous, mais tu sembles bon et doux, et j'ai entendu parler de tes aumônes envers les pauvres. Que le Seigneur te garde. , car tu marches dans des endroits glissants ; il y a un danger et tu ne le vois pas ; tu te confies à l'ouïe de l'oreille et à la vue de l'œil ; le Seigneur seul voit la tromperie et la ruse de l'homme ; et si tu veux crier puissamment vers Lui, Il peut te diriger correctement.

Sa voix et ses manières étaient très lourdes et solennelles. J'ai senti une crainte m'envahir et le visage de Rebecca était troublé. Alors que la jeune fille nous quittait, le ministre qui s'occupait de nous dit : « Il y a beaucoup de poison sous la foire, à l'extérieur de ce navire, qui, je le crains, est propre à la destruction. »

"Peggy Brewster est en effet dans l'illusion", répondit Robert Pike, "mais je ne connais aucun mal d'elle. Elle est gentille avec tous, même avec ceux qui la supplient mal."

"Robert, Robert !" s'écria le ministre, je crains que vous ne suiviez votre honoré père, qui s'est fait une mauvaise réputation en favorisant ces gens. — Le Quaker l'a peut-être ensorcelé avec ses yeux brillants, dit Sir Thomas. "J'aurais aimé qu'elle ait jeté un sort sur une langue incivile que je connais", répondit Robert avec colère. Sur ce, M. Sewall proposa que nous revenions, et en nous préparant et en arrivant au bateau, l'affaire fut abandonnée.

NEWBURY, 1er juin 1678.

Aujourd'hui, Sir Thomas nous a pris congé, étant sur le point de retourner à Boston. La cousine Rebecca est, je le vois, très impressionnée par sa bravoure et sa courtoisie extérieure, et pourtant elle m'a avoué que son jugement sobre l'incline grandement vers son vieil ami et voisin, Robert Pike. Elle a même dit qu'elle ne doutait pas de pouvoir vivre avec lui une vie plus tranquille et plus heureuse qu'avec un homme tel que Sir Thomas ; et que les paroles de la servante quaker que nous avions rencontrée à la source au bord de la rivière ne l'avaient pas peu inquiétée, dans la mesure où elles semblaient confirmer ses propres craintes et inquiétudes. Mais son imagination est si éblouie par la beauté de son prétendant, que je crains fort qu'il ne puisse l'avoir pour le demander, d'autant plus que son père, à ma connaissance, le favorise grandement. Et, en effet, en raison de ses manières gracieuses, de ses discours spirituels et agréables, de son excellente éducation et de sa dignité, elle ne discréditerait pas le choix d'un homme bien plus élevé que ce jeune gentleman en termes de statut et de rang.

10 juin.

Je suis allé ce matin avec Rebecca rendre visite à Elnathan Stone, un jeune voisin, gravement malade depuis longtemps. Il était un camarade de jeu de mon cousin lorsqu'il était enfant, et on pensait qu'il était très prometteur à mesure qu'il devenait viril ; mais, engagé dans la guerre contre les païens, il fut blessé et emmené captif par eux, et après beaucoup de souffrances, il fut ramené chez lui il y a quelques mois. En entrant dans la maison où il reposait, nous trouvâmes sa mère, une femme triste et soucieuse, qui tournait dans la chambre à son chevet. Une tristesse très grande et amère se dessinait sur ses traits ; c'était le regard anxieux, irréconciliable et agité de quelqu'un qui se sentait éprouvé au-delà de sa patience et qui ne pouvait pas être réconforté. Car, comme je l'ai appris, c'était une pauvre veuve, qui avait vu sa jeune fille se faire tomahawker par les Indiens ; et maintenant son fils unique, l'espoir de sa vieillesse, était sur son lit de mort. Elle nous reçut avec peu de courtoisie, disant à Rebecca que c'était depuis toujours la négligence des hommes en position d'autorité qui avait causé la mort de son fils dans les guerres, dans la mesure où c'était à cause du manque de nourriture et de vêtements convenables, plutôt que de ses blessures. ce qui l'avait amené à son état actuel. Or, comme oncle Rawson est un des principaux magistrats, mon doux cousin savait que la pauvre créature affligée voulait lui faire des reproches ; mais son bon cœur excusait et pardonnait la grossièreté et la maladie de celui que le Seigneur avait cruellement châtié. Elle parla donc avec bonté et amour, et lui donna divers fruits délicats et des sirops réconfortants qu'elle avait obtenus de Boston pour le malade. Puis, comme elle s'approchait de son lit et lui prenait amoureusement la main dans la sienne, il la remercia de ses nombreuses bontés et pria Dieu de la bénir. Ce devait être un beau garçon en santé, car il avait un front clair et lisse, ombragé de cheveux bruns bouclés, et de grands yeux bleus, très doux et doux dans leur regard. Il nous a dit qu'il se sentait s'affaiblir et que, par moments, sa souffrance physique était grande. Mais grâce à la miséricorde de son Sauveur , il eut l'esprit en grande tranquillité. Il était content de laisser toutes choses entre ses mains. Pour le bien de sa pauvre mère, dit-il, plus que pour le sien, il aimerait repartir ; il y avait beaucoup de choses qu'il aimerait faire pour elle et pour tous ceux qui s'étaient liés d'amitié avec lui ; mais il savait que son Père céleste pouvait faire plus et mieux pour eux, et il se sentait résigné à sa volonté. Il avait, dit-il, pardonné à tous ceux qui lui avaient fait du tort, et il n'avait plus aucun sentiment de colère ou de méchanceté envers qui que ce soit, car tous lui semblaient bons au-delà de ses mérites et comme des frères et des sœurs. Il avait même beaucoup de pitié pour les pauvres sauvages, bien qu'il ait beaucoup souffert de leur part ; car il croyait qu'ils avaient souvent été maltraités, trompés et incités à prendre les armes contre nous. Sur ce, Goodwife Stone fit tournoyer son fuseau avec beaucoup de méchanceté et dit qu'elle aurait autant pitié du Diable que de ses enfants. La pensée de sa petite fille mutilée et de son fils mourant sembla la vaincre, et elle laissa tomber son fil et cria avec un cri extrêmement amer : « Oh, ce foutu païen ! Oh, ma pauvre Molly assassinée ! Oh, mon fils, mon fils ! » – « Non, maman, » dit le malade en tendant la main et en saisissant celle de sa mère, avec un doux sourire sur son visage pâle, « que nous dit le Christ sur l'amour ? nos ennemis et faire du bien à ceux qui nous font du mal ? Pardonnons à nos semblables, car nous avons tous besoin du pardon de Dieu. J'avais l'habitude de ressentir comme ma mère, dit-il en se tournant vers nous ; "car je suis entré en guerre avec le dessein de n'épargner ni les jeunes ni les vieux de l'ennemi.

"Mais je remercie Dieu que, même en cette saison sombre, mon cœur ait cédé à la vue des pauvres femmes et des enfants affamés, chassés d'un endroit à l'autre comme des perdrix. Même les combattants indiens, j'ai découvert, avaient leurs propres chagrins et de graves torts. pour nous venger ; et je crois que si nous les avions traités dès le début comme de pauvres frères aveuglés, et nous étions efforcés autant de leur donner la lumière et la connaissance que nous devons les tromper dans le commerce et nous éloigner de leurs terres, nous aurions dû nous venger. ont échappé à de nombreuses guerres sanglantes et ont gagné de nombreuses âmes précieuses à Christ. »

Je lui ai posé des questions sur sa captivité. Il avait été blessé, m'a-t-il dit, lors d'un combat avec les Indiens Sokokis , deux ans auparavant. C'était une chaude escarmouche dans les bois ; les Anglais et les Indiens couraient tantôt en avant, puis retombaient, se tirant dessus derrière les arbres. Il avait jeté toute sa poudre, et, prêt à s'évanouir à cause d'une blessure au genou, il fut obligé de s'asseoir contre un chêne, d'où il vit, avec une grande tristesse et une grande lourdeur de cœur, ses compagnons accablés. par le nombre de leurs ennemis, s'enfuyant et l'abandonnant à son sort. Les sauvages arrivèrent bientôt à lui avec des cris effroyables , brandissant leurs hachettes et leurs couteaux à scalper. Il ferma alors les yeux, s'attendant à être frappé à la tête et tué sur le coup. Mais à ce moment-là, un chef notable arriva en toute hâte et lui dit de prendre bon courage, car il était son prisonnier et ne devait pas être tué. Il s'est avéré être le célèbre Sagamore Squando , le chef des Sokokis .

"Et avez-vous été gentiment traité par ce chef ?" demanda Rébecca.

"J'ai beaucoup souffert en déménageant avec lui au lac Sebago, à cause de ma blessure", répondit-il; "Mais le chef faisait tout ce qui était en son pouvoir pour me réconforter, et il partageait souvent avec moi son maigre nourriture, préférant souffrir lui-même de la faim plutôt que de voir son fils, comme il m'appelait, manquer de nourriture. Et une nuit , comme je m'étonnais de cette bonté de sa part, il me dit que je lui avais autrefois rendu un grand service, me demandant si je n'étais pas à Black Point, sur un bateau de pêche, l'été précédent ? Il me rappela ensuite les mauvais marins qui renversèrent le canot d'une squaw et qui faillirent noyer son petit enfant, et que je les avais menacés et battus pour cela ; et aussi comment j'avais donné à la squaw un manteau chaud pour envelopper le pauvre mouillé. papoose. C'était avec sa squaw et son enfant que je m'étais lié d'amitié, et il me raconta qu'il avait souvent essayé de me parler et de me faire connaître sa gratitude pour cela, et qu'il était venu une fois à la garnison de Sheepscot , où il m'a vu ; mais ayant reçu des tirs, malgré ses signes de paix et d'amitié, il fut obligé de s'enfuir dans les bois. Il dit que l'enfant était mort quelques jours après les mauvais traitements, et que cette pensée lui rendait le cœur amer ; qu'il avait essayé de vivre en paix avec les hommes blancs, mais que ceux-ci l'avaient poussé à la guerre.

« Un jour, » dit le soldat malade, « alors que nous étions couchés côte à côte dans sa hutte, au bord du lac Sebago, Squando , vers minuit, commença à prier son Dieu très sincèrement. à ce sujet, il me dit qu'il doutait beaucoup de ce qu'il fallait faire et qu'il avait prié pour obtenir un signe de la volonté du Grand Esprit à son égard. Il me raconta alors qu'il y a quelques années, près de l'endroit où nous reposions alors, il avait laissé son wigwam à nuit, étant incapable de dormir, à cause d'une grande lourdeur et d'un trouble de l'esprit. C'était une pleine lune, et alors qu'il se promenait de long en large , il aperçut un homme blond et grand, vêtu d'une longue robe noire, debout dans la lumière du soleil. au bord du lac, qui lui parla et l'appela par son nom.

« Squando », dit-il, et sa voix était grave et solennelle, comme le vent dans les pins des collines, « le Dieu de l'homme blanc est le Dieu de l'Indien, et il est en colère contre ses enfants rouges. Lui seul est capable de faire pousser le maïs avant le gel, et de faire remonter les poissons dans les rivières au printemps, et de remplir les bois de cerfs et d'autres gibiers, et les étangs et les prairies de castors. Priez-le toujours. Ne chassez pas sur Son jour, et que les squaws ne binent pas le maïs. Ne goûtez jamais à l'eau forte du feu, mais buvez seulement aux sources. C'est parce que les Indiens ne l'adorent pas, qu'il a amené parmi eux les hommes blancs; mais si ils prieront comme les hommes blancs, ils deviendront très grands et forts, et leurs enfants nés sous cette lune vivront assez longtemps pour voir les Anglais revenir dans leurs grands canots et laisser aux Indiens tous leurs lieux de pêche et leurs terrains de chasse. '

"Lorsque l'homme étrange eut ainsi parlé, Squando me dit qu'il s'approcha immédiatement de lui, mais qu'il n'avait trouvé là où il se tenait que l'ombre d'un arbre brisé, qui s'étendait dans la lune sur le sable blanc du rivage. Alors il comprit c'était un esprit, et il tremblait, mais il était heureux. Depuis, lui dit-il, il priait quotidiennement le Grand Esprit, ne buvait plus de rhum et ne chassait pas le jour du sabbat.

" Il a dit qu'il avait longtemps refusé de sortir sa hache de guerre et de faire la guerre aux Blancs, mais qu'il ne pouvait pas rester les bras croisés dans son wigwam pendant que ses jeunes hommes étaient partis sur le chemin de la guerre. L'esprit de son En outre, l'enfant mort lui parlait du pays des âmes et lui reprochait de ne pas chercher à se venger. Une fois, me raconta-t-il, il avait vu dans un rêve l'enfant pleurer et gémir amèrement, et cela lorsqu'il s'enquit de la cause de son chagrin. , on lui dit que le Grand Esprit était en colère contre son père et qu'il le détruirait ainsi que son peuple à moins qu'il ne se joigne aux Indiens de l'Est pour couper les Anglais.

« Je me souviens, » dit Rebecca, « d'avoir entendu mon père parler de la gentillesse
de ce Squando envers une jeune servante capturée il y a quelques années à Presumpscot.

"Je l'ai vue à Cocheco ", a déclaré le malade. " Squando la trouva dans un triste sort, et à peine vivant, l'emmena dans son wigwam, où sa squaw la soignait et la réconfortait avec amour ; et quand elle fut en mesure de voyager, il l'amena chez le major Waldron, sans demander de rançon pour elle. Il aurait pu devenir l'ami fidèle des Anglais à cette époque, mais il n'a guère bénéficié d'un traitement civil. »

"Mon père dit que de nombreux Indiens amis, à cause de la mauvaise conduite des commerçants, sont devenus nos pires ennemis", a déclaré Rebecca. "Il considérait que l'introduction des Mohawks pour nous aider était un péché comparable à celui des Juifs, qui attendaient la délivrance du roi de Babylone par les Egyptiens."

"Ils n'ont fait que du mal", a déclaré Elnathan Stone; "Ils ont tué nos amis de Newichawannock , Blind Will et sa famille."

Rebecca lui a demandé s'il avait déjà entendu les vers écrits par M. Sewall concernant le meurtre de Blind Will. Et quand il lui dit qu'il ne l'avait pas fait et qu'il aimerait qu'elle les répète, si elle s'en souvenait, elle les récita ainsi :

"Volonté aveugle de Newiehawannock !
Il ne criera plus jamais, Car son wigwam est brûlé au-dessus de lui, Et son vieux cuir chevelu gris est ta'en !

"Blind Will était l'ami des hommes blancs,
ses jeunes hommes faisaient leurs courses, et il lui procurait un manteau et une culotte, et ressemblait à un chrétien.

"Pauvre Volonté de Newiehawannock !
Ils l'ont tué par inadvertance, là où il vivait parmi son peuple, observant le Sabhath et récitant des prières.

"Maintenant, ses champs ne connaîtront plus de récolte,
Et sa pipe est proprement éteinte, Et son beau et courageux manteau et sa culotte que porte le Mohog .

"Malheur le jour où nos dirigeants ont écouté
le plan méchant de Sir Edmund, faisant tomber les cruels Mohogs qui ont tué le pauvre vieil homme.

"Oh ! le Seigneur , il nous récompensera ;
pour le mal que nous avons fait, il y aura bien des cheveux blonds qui sècheront au vent et au soleil !

« Il y aura beaucoup de captifs qui soupireront,
dans un esclavage long et terrible ; il y aura du sang dans beaucoup de champs de maïs, et beaucoup de maisons en feu.

« Et les prêtres papistes enverront la nouvelle
à toutes les tribus ; ils montreront Newiehawannock :
« Ainsi les Anglais traitent leur ami !

« Que les serviteurs oints du Seigneur
crient à haute voix contre ce tort, jusqu'à ce que Sir Edmund ramène ses
Mohogs
à leur place.

"Que la jeune fille et la mère
partagent la garde nocturne, Pendant que les jeunes hommes gardent le
blockhaus, Et que les vieillards s'agenouillent en prière.

"Pauvre Will de Newiehawannock !
Pour ta triste et cruelle chute, Et l'introduction des Mohogs ,
Que le Seigneur nous pardonne à tous !"

Une jeune femme entra dans la maison au moment où Rebecca terminait les vers. Elle portait dans ses mains un seau de lait et une volaille bien habillée, qu'elle donna à la mère d'Elnathan, et, voyant des étrangers à son chevet, elle était sur le point de sortir, lorsqu'il l'appela et la supplia de rester. Tandis qu'elle s'approchait et lui parlait, je reconnus qu'elle était la servante que nous avions rencontrée à la source. Le jeune homme, les larmes aux yeux, lui reconnut sa grande bonté, ce dont elle parut troublée et déconcertée. Elle a un teint pur et doux, et un regard doux et aimant, plein d'innocence et de sincérité. Rebecca parut très troublée, car elle pensa sans doute aux paroles d'avertissement de cette jeune fille, lorsque nous étions à la source. Après son départ, Goodwife Stone a déclaré qu'elle était sûre de ne pas pouvoir dire ce qui avait tant amené cette fille Quaker chez elle, à moins qu'elle n'ait l'intention d'attirer Elnathan ; mais, de son côté, elle préférait le voir mort plutôt que vivre pour jeter l'opprobre sur sa famille et sur l'Église en suivant les blasphémateurs. J'ai osé lui dire que je considérais cela comme de la pure bonté et de l'amour de la part de la jeune femme ; ce à quoi Elnathan parut satisfait et dit qu'il ne pouvait pas en douter et qu'il croyait que Peggy Brewster était une bonne chrétienne, bien que tristement égarée par les Quakers. Sa mère disait que, malgré tous ses regards doux et ses paroles aimables, elle était pleine de toutes sortes d'hérésies pestilentielles et qu'elle lui rappelait toujours Satan sous la forme d'un ange de lumière.

Nous partîmes nous-mêmes peu après, le malade nous remerciant de notre visite et espérant qu'il nous reverrait. "Pauvre Elnathan", dit Rebecca, alors que nous rentrions chez nous, "il ne partira plus jamais à l'étranger ; mais il est dans un état d'esprit si bon et si aimant, qu'il n'a pas besoin de notre pitié, comme quelqu'un qui est sans espoir."

"Il me rappelle", dis-je, "la promesse réconfortante de l'Écriture : 'Tu garderas en parfaite paix celui dont l'esprit est fixé sur toi.'"

30 juin 1678.

M. Rawson et Sir Thomas Hale sont venus hier de Boston. J'étais heureux de voir mon oncle, d'autant plus qu'il m'apportait un paquet de lettres, des cadeaux et des souvenirs de mes amis de l'autre côté de l'eau. Dès que je les ai reçus, je suis monté dans ma chambre, et, en lisant la santé de ceux qui me sont très chers et qui me regardaient encore avec un amour inchangé, j'ai pleuré dans ma grande joie, et mon le cœur débordait de gratitude. J'ai lu le Psaume 22 et il semble exprimer mes propres sentiments face aux grandes miséricordes et bénédictions qui m'ont été accordées. "Ma tête est ointe d'huile, ma coupe déborde . Assurément, la bonté et la miséricorde m'accompagneront tous les jours de ma vie."

Ce matin, Sir Thomas et oncle Rawson se sont rendus à Hampton, où ils passeront toute la nuit. Hier soir, Rebecca a eu une longue conversation avec son père au sujet de Sir Thomas, qui lui a demandé. Elle se couchait très tard, restait inquiète et sanglotait ; sur quoi je la pressai de connaître la cause de son chagrin, lorsqu'elle me dit qu'elle avait consenti à épouser Sir Thomas, mais que son cœur était profondément troublé et plein de doutes. Quand je lui demandai si elle aimait vraiment le jeune gentleman, elle me répondit qu'elle craignait parfois de ne pas l'aimer ; et que lorsque son imagination avait dressé un tableau fidèle de la vie d'une grande dame en Angleterre, il arrivait souvent qu'un nuage sombre surgisse, comme l'ombre d'une lourde déception ou d'un chagrin. « Sir Thomas, dit-elle, était un jeune homme beau et plein d'esprit, et s'était comporté à la satisfaction et à la bonne réputation de son père et des principaux habitants de la colonie ; et ses manières envers elle avaient été extrêmement délicates et modestes. dans la mesure où il n'avait rien présumé sur sa famille ou ses biens, mais l'avait recherchée avec beaucoup de supplications et d'humilité, même s'il savait bien que certaines des jeunes femmes les plus admirées et les plus riches de Boston ne l'estimaient pas peu, même aux yeux des agaçants. d'elle-même, comme celle qu'il favorisait particulièrement.

« Ce sera une lourde nouvelle pour Robert Pike », dis-je ; " et je suis désolé pour lui, car c'est vraiment un homme digne. "

"C'est vrai", dit- elle; "mais il ne m'a jamais parlé d'autre chose que de cette amitié que, en tant que voisins et camarades d'école, nous chérissons innocemment les uns pour les autres."

"Non," dis-je, "ma douce cousine sait très bien qu'il entretient une si forte affection pour elle, qu'il n'est pas besoin de mots pour la révéler."

"Hélas!" répondit-elle, "c'est trop vrai. Quand je suis avec lui, j'aimerais parfois ne jamais avoir vu Sir Thomas. Mais mon choix est fait, et je prie Dieu de ne pas avoir de raisons de m'en repentir."

Nous n'en direâmes pas davantage, mais je crains qu'elle ne dormît peu, car, en me réveillant vers le point du jour, je la vis assise en chemise de nuit près de la fenêtre. Sur quoi je la priai de retourner dans son lit, ce qu'elle fit enfin, et me prenant dans ses bras, et sanglotant comme si son cœur allait se briser, elle me supplia de la plaindre, car ce qu'elle avait fait n'était pas une chose légère. et elle savait à peine si elle devait s'en réjouir ou en pleurer. Je m'efforçai de la réconforter et, au bout d'un moment, elle tomba, à ma grande joie, dans un sommeil paisible.

Cet après-midi, Robert Pike est entré et a eu une longue conversation avec le cousin Broughton, qui lui a raconté comment les choses se passaient entre sa sœur et Sir Thomas, ce qui l'a vivement troublé et aurait volontiers allé chercher Rebecca immédiatement et lui faire des reproches. avec elle, mais on l'a empêché de se faire dire que cela ne pouvait que la chagriner et la gêner, dans la mesure où l'affaire était bien réglée et ne pouvait être interrompue. Il a dit qu'il l'avait connue et aimée depuis son enfance; que pour elle il avait travaillé dur le jour et étudié la nuit ; et que dans tous ses voyages et voyages, sa douce image l'avait toujours accompagné. Il ne porterait aucune accusation contre elle, car elle l'avait toujours traité plutôt comme un frère que comme un prétendant : dernière condition à laquelle il ne s'était en effet pas senti libre de se risquer, après que son honoré père, quelques mois auparavant, lui avait donné lui faire comprendre qu'il avait conçu une alliance de sa fille avec un monsieur du domaine et de la famille. Pour sa part, il se comporterait vaillamment et supporterait son chagrin avec patience et courage. Sa seule crainte était que son ami bien-aimé n'eût été trop hâtif dans sa décision ; et que celui qui était son choix pourrait ne pas être digne du grand cadeau de son affection. La cousine Broughton, qui jusqu'ici a grandement favorisé les prétentions de Sir Thomas, m'a dit qu'elle avait presque changé d'avis en raison de l'allure virile et noble de Robert Pike ; et que si sa sœur devait vivre dans ce pays, elle préférerait la voir comme sa femme plutôt que comme celle de tout autre homme de ce pays.

3 juillet.

Sir Thomas a pris congé aujourd'hui. Robert Pike était ici pour souhaiter à Rebecca beaucoup de joie et de bonheur dans son avenir, ce qu'il a fait d'une manière si gentille et si douce, qu'elle a dû détourner la tête pour cacher ses larmes. Quand Robert vit cela, il détourna le discours et s'efforça de distraire son esprit de telle sorte que l'ombre de mélancolie quitta bientôt son doux visage, et les deux parlèrent ensemble joyeusement comme ils en avaient l'habitude, et comme convenaient à leurs années et à leurs conditions. .

6 juillet.

Hier, une chose étrange s'est produite dans la salle de réunion. Le pasteur avait continué son discours, jusqu'à ce que le sable dans le sablier sur les rails devant les diacres soit presque épuisé, et le diacre Dole était sur le point de le retourner, quand soudain je vis la congrégation tout autour de moi faire un grand bond, et regarde en arrière. Une jeune femme, pieds nus, vêtue d'une robe de toile grossière, et ses longs cheveux dénoués comme une perruque et parsemés de cendre, remonta le bas-côté sud. Au moment où elle approchait du siège de l'oncle Rawson, elle s'arrêta, et se retournant vers les quatre coins de la maison, s'écria : « Malheur aux persécuteurs ! Malheur à ceux qui, pour faire semblant, font de longues prières ! Humiliez-vous, car c'est le jour. de la puissance du Seigneur, et je suis envoyé comme signe parmi vous ! » Alors qu'elle me regardait, je savais qu'elle était la jeune fille quaker, Margaret Brewster. "Où est le gendarme ?" » a demandé M. Richardson. "Laissez la femme sortir." Alors toute l'assemblée se leva, et il y eut un grand tumulte, des hommes et des femmes montèrent sur les sièges, et beaucoup crièrent, les uns une chose et les autres une autre. Au milieu du bruit, M. Sewall, se levant sur un banc, supplia les gens de se taire et laissa le connétable conduire dehors la pauvre créature trompée. M. Richardson parla dans le même sens, et le tumulte s'apaisant un peu, je les vis emmener la jeune femme dehors ; et comme beaucoup la suivaient, je sortis aussi, avec mon frère, pour voir ce qu'elle devenait.

Nous la trouvâmes au milieu d'une grande foule de gens en colère, qui lui reprochaient sa méchanceté en perturbant le culte le jour du Seigneur , en l'insultant de toutes sortes de noms immondes et en la menaçant de la cep et du poteau de flagellation. La pauvre créature restait immobile et silencieuse ; elle était d'une pâleur mortelle, et ses cheveux en bataille et sa robe en sac lui donnaient un air très étrange et pitoyable. Le constable était sur le point de la prendre en charge jusqu'au lendemain, lorsque Robert Pike s'avança et dit qu'il répondrait de sa comparution au tribunal le lendemain, et supplia les gens de la laisser rentrer tranquillement chez elle, ce qui, après quelques pourparlers furent acceptés. Robert s'approcha alors d'elle, lui prit la main et lui demanda de l'accompagner. Elle leva les yeux, et étant très touchée par sa bonté, elle se mit à pleurer, lui disant que cela avait été une croix douloureuse pour elle de faire ce qu'elle avait fait ; mais que cela lui tenait à cœur depuis longtemps et qu'elle ressentait un soulagement maintenant qu'elle avait trouvé la force d'obéir. Lui, voyant les gens qui la suivaient toujours, l'a précipitée et nous sommes tous retournés au lieu de réunion. Dans l'après-midi, M. Richardson a annoncé qu'il prêcherait, le prochain dimanche , à partir des versets 12 et 13 de Jude, dans lesquels les râleurs et les perturbateurs d'aujourd'hui étaient très clairement parlés. Ce matin, elle a été traduite devant les magistrats qui, compte tenu de sa jeunesse et de sa bonne conduite jusqu'ici, n'ont pas procédé contre elle autant que le souhaitaient beaucoup de gens. Une amende lui fut imposée, qu'elle et son père affirmèrent ne pas pouvoir payer en conscience, après quoi on ordonna qu'elle soit mise aux fers ; mais M. Sewall, Robert Pike et mon frère ne voulurent en aucun cas le permettre, mais payèrent eux-mêmes l'amende, de sorte qu'elle fut remise en liberté, ce qui ne fit pas un peu déçu les garçons et les femmes grossières, comme ils avaient pensé le faire. sport d'elle dans les stocks. M. Pike, j'ai entendu dire, a parlé ouvertement en son nom devant les magistrats, disant que c'était depuis le début la cruelle persécution de ces gens qui les avait poussés à de telles folies et à de telles violations de la paix, M. Richardson, qui a jusqu'ici Elle a été extrêmement dure envers les Quakers, et a, en outre, parlé quelque peu pour excuser sa conduite, croyant qu'elle était incitée par ses aînés ; et il conseilla donc au tribunal de ne pas la fouetter,

1 août.

Le capitaine Sewall, R. Pike et le ministre, M. Richardson, chez nous aujourd'hui. Le capitaine Sewall, qui vit principalement à Boston, dit qu'un petit navire chargé de nègres, pris sur la côte de Madagascar, est entré la semaine dernière dans le port, et que son propriétaire avait offert les nègres en vente comme esclaves, et qu'ils avaient tous été vendu à des magistrats, des ministres et à d'autres personnes distinguées à Boston et dans les environs. Il a dit que les nègres étaient principalement des femmes et des enfants, et à peine vivants, en raison de leur long voyage et de la difficulté de leur voyage. Il pensait que c'était un grand scandale pour la colonie et un reproche à l'Église qu'on les trafiquât ouvertement, comme le bétail au marché. Oncle Rawson a dit qu'il n'en était pas ainsi autrefois ; car il se souvenait du cas du capitaine Smith et d'un certain Kesar, qui avaient amené des nègres de Guinée il y a trente ans. Le Tribunal, pressé par Sir Richard Saltonstall et de nombreux ministres, a rendu une ordonnance selon laquelle, dans le but de « porter témoignage contre le péché odieux du vol d'hommes, justement abhorré de tous les hommes bons et justes », les nègres doivent être ramenés dans leur propre pays aux frais de la colonie ; ce qui fut fait peu après. De plus, les deux hommes, Smith et Kesar, furent dûment punis.

M. Richardson a déclaré qu'il faisait une distinction entre le vol d'hommes dans une nation en paix avec nous et la prise de captifs en temps de guerre. Les Écritures justifiaient clairement la tenue de telles choses, et surtout si elles étaient païennes.

Le capitaine Sewall a déclaré qu'il considérait, pour sa part, toute possession d'esclaves comme contraire à l'Évangile et à la nouvelle dispensation. Les Israélites avaient un mandat spécial pour maintenir les païens en servitude ; mais il n'avait jamais entendu personne prétendre avoir cette autorité pour asservir les Indiens et les Noirs.

Sur ce, M. Richardson lui demanda s'il ne considérait pas le diacre Dole comme un homme pieux ; et s'il avait quelque chose à dire contre lui et contre d'autres hommes pieux qui détenaient des esclaves. Et il l'avertit d'être prudent, de peur qu'il ne soit considéré comme un accusateur des frères.

Ici, Robert Pike a déclaré qu'il parlerait d'une question qui était tombée sous son attention. « Juste après la fin de la guerre, dit-il, à cause de la perte de ma chaloupe dans la baie de Penobscot, je me trouvai par hasard dans le voisinage de celui qu'on appelle le baron de Castine , qui possède un château fort, avec beaucoup de clairières. terres et de grandes pêcheries à Byguyduce . Je m'apprêtais à faire du feu et à dormir dans les bois, avec mes deux hommes, lorsqu'un messager vint du baron, disant que son maître, apprenant qu'il y avait des étrangers dans le voisinage, l'avait envoyé à Byguyduce. nous offrit de la nourriture et un abri, car la nuit était froide et pluvieuse. Alors sans plus tarder, nous l'accompagnâmes et fûmes conduits dans une chambre confortable dans une aile du château, où nous trouvâmes un grand feu allumé et un rôti de chevreuil avec pains de blé sur la table. Après que nous nous soyons rafraîchis, le baron m'envoya chercher, et je fus conduit dans une grande et belle pièce, où il se trouvait, avec Modockawando , qui était son beau-père, et trois ou quatre autres chefs des Indiens, ainsi que deux de ses prêtres.Le baron, qui était un homme de belle apparence, me reçut avec beaucoup de courtoisie ; et quand je lui ai raconté mon malheur, il m'a dit qu'il était heureux de pouvoir nous offrir un abri. Il parla de la guerre, qui, dit-il, avait été une chose triste pour les Blancs comme pour les Indiens, mais qu'il espérait maintenant que la paix serait durable. Sur quoi, Modockawando , un païen très grave et sérieux, qui était resté silencieux avec ses amis, se leva et me fit un discours chargé, que je ne comprenais pas, mais on me dit qu'il se plaignait des Blancs pour les avoir tenus comme esclaves . divers captifs indiens, déclarant que cela avait provoqué une autre guerre. L'enfant de sa propre sœur, dit-il, était ainsi retenu en captivité. Il m'a supplié de voir le grand chef de notre peuple (c'est-à-dire le gouverneur), et de lui dire que les cris des captifs étaient entendus par ses jeunes gens, et qu'ils parlaient de déterrer la hache que les vieillards avaient enterrée à Casco. J'ai dit au vieux sauvage que je ne justifiais pas la détention des Indiens après la paix et que je ferais tout ce que je pourrais pour les remettre en liberté, ce dont il parut très heureux. Depuis mon retour du pays de Castine , j'ai demandé l'abandon des Indiens, et beaucoup ont été libérés. L'esclavage est une situation difficile, et beaucoup le considèrent comme pire que la mort. Aux Barbades , on m'a raconté que dans une plantation, en l'espace de cinq ans, une vingtaine d'esclaves s'étaient pendus."

« L'Indien de M. Atkinson, » dit le capitaine Sewall, « qu'il a acheté à un armateur de Virginie, a immédiatement refusé la viande en arrivant chez lui ; même si je prenais une gorgée de boisson. Je l'ai vu un jour ou deux avant sa mort, assis enveloppé dans sa couverture et marmonnant pour lui-même. C'était un triste spectacle, et je prie Dieu de ne plus jamais revoir un pareil. Depuis lors , j'ai considéré le fait de garder les hommes comme esclaves comme un grand mal. Les Écritures elles-mêmes témoignent que celui qui conduit en captivité ira en captivité.

Après le départ de la compagnie, Rébecca resta silencieuse et réfléchie pendant un moment, puis elle demanda à sa jeune servante, que son père avait achetée, environ un an auparavant, au capitaine d'un navire écossais, et qui avait été vendue pour payer le prix de son passage, pour venir chez elle. Elle lui demanda si elle avait quelque chose à se plaindre dans sa situation. La pauvre fille parut surprise, mais répondit que non. « Êtes-vous content de vivre comme un serviteur ? demanda Rébecca. « Me quitterais-tu si tu le pouvais ? Elle tomba ici en larmes, suppliant sa maîtresse de ne pas parler de son départ. "Mais si je devais vous dire que vous êtes libre de partir ou de rester, comme vous le ferez, seriez-vous heureux ou désolé ?" demanda sa maîtresse. La pauvre fille se taisait. "Je ne veux pas que tu me quittes, Effie," dit Rebecca, "mais je veux que tu saches que tu es désormais libre, et que si tu me sers désormais, comme je l'espère, ce sera amoureux et bonne volonté et pour un salaire convenable. L'esclave ne comprit pas tout d'abord le dessein de sa maîtresse, mais, après l'avoir entendu expliqué une fois de plus, elle tomba à genoux, et serrant Rébecca dans ses bras, elle lui exprima ses remerciements à la manière de son peuple ; sur quoi Rébecca, très émue, lui ordonna de se lever, car elle n'avait fait que ce que l'Écriture exigeait, en donnant à sa servante ce qui est juste et égal.

"Comme il est facile de rendre les autres heureux, et nous-mêmes aussi !" dit-elle en se tournant vers moi, les larmes brillant dans ses yeux.

8 août 1678.

Elnathan Stone, décédé il y a deux jours, a été enterré cet après-midi. Des funérailles très solennelles, M. Richardson prêchant un sermon du 23ème psaume, 4ème verset : "Oui, même si je marche dans la vallée de l'ombre de la mort, je ne craindrai aucun mal, car tu es avec moi ; ton bâton et ton le personnel, ils me réconfortent. Le diacre Dole a fourni le vin et les spiritueux, et l'oncle Rawson la bière, le pain et le poisson pour le divertissement, et d'autres voisins ont en outre aidé la veuve à diverses choses vestimentaires adaptées à l'occasion, car elle était très pauvre. , et, en raison de la longue captivité et de la maladie de son fils, elle a parfois été très démunie. On me dit que Margaret Brewster a été comme un ange de miséricorde envers elle, veillant souvent auprès du malade et l'aidant dans son travail, de sorte que la pauvre femme est maintenant obligée d'avouer qu'elle a un cœur bon et bon. Peu de temps avant la mort d'Elnathan, il recommanda sincèrement ladite Marguerite à la bonté de sa cousine Rébecca, la suppliant de s'intéresser aux magistrats et aux autres personnes en position d'autorité, en sa faveur, afin qu'ils puissent lui faire preuve de miséricorde dans ses sorties. car il pensait vraiment qu'ils venaient d'un sens du devoir, même s'il se trompait. M. Richardson, qui a été témoin de son attitude gracieuse et de sa charité, et qui dit qu'elle fait ainsi honte à beaucoup de ses propres gens, a souvent cherché à l'éloigner des nouvelles doctrines et à lui montrer la nature dangereuse de son attitude. les erreurs; mais elle ne manque jamais de réponse, étant naturellement de bons côtés et connaissant bien les Écritures.

10 août.

Je trouve l'été ici très différent de celui de mon propre pays. La chaleur est grande, le soleil brille très fort et très fort ; et depuis plus d'un mois, il fait extrêmement sec, sans chute de pluie considérable, de sorte que les sources manquent en de nombreux endroits et que les cours d'eau sont asséchés, ce qui rappelle très fortement les paroles de Job concernant les ruisseaux. que la sécheresse consume : « À chaque fois qu'ils se réchauffent, ils disparaissent ; quand il fait chaud , ils sont consumés hors de leur place. Les sentiers de leur chemin sont détournés ; ils ne vont vers rien et périssent. » L'herbe et l'herbe ont perdu une grande partie de l'éclat qu'elles avaient au début de l'été ; de plus, on voit moins de fleurs. Les champs et les routes sont poussiéreux, et tout semble s'affaiblir et vieillir sous le soleil intolérable. De grands criquets chantent fort dans les haies et les buissons, et les sauterelles s'envolent en nuages, pour ainsi dire, lorsqu'on marche sur l'herbe sèche dont elles se nourrissent, et à la tombée de la nuit, les moustiques ne sont pas un petit tourment. Chaque fois que je regarde vers midi, heure à laquelle l'air est tout embrasé, avec une certaine lueur et un éblouissement semblable à celui d'une fournaise chaude, et je vois le pauvre bétail mordu par les mouches fouetter la queue pour éloigner les insectes venimeux, ou se tenir debout. dans l'eau des basses terres pour se rafraîchir, et les moutons haletants couchés ensemble à l'ombre des arbres, je dois nécessairement évoquer la saison estivale de la vieille Angleterre, l'air frais de la mer, les averses douces, les champs si épais avec des herbes et bordé de haies comme des murs verts, les arbres et les arbustes tous propres et humides, et les vignes et les plantes grimpantes suspendues aux murs et aux portes, très abondantes et belles à voir. Ah moi, je pense souvent ces jours-ci à Hilton Grange, avec ses grands chênes, ses collines fraîches et ses prairies verdoyantes tout au long de l'été. Je ferme les yeux, et voilà ! tout cela est devant moi comme une image ; Je vois les cheveux gris de mon oncle sous les arbres, et ma bonne tante se tient sur le pas de la porte, et le cousin Olivier arrive en tenue de campagne, de la ferme ou du moulin ; J'entends son rire joyeux et le bruit des sabots de son cheval qui résonnent sur le chemin de gravier. Notre doux Chaucer parle d'un miroir dans lequel celui qui regardait a vu toute sa vie passée ; ce miroir magique n'est pas une fable, car dans la mémoire de l'amour, les vieilles choses reviennent et se montrent comme les traits le font dans le verre, avec une ressemblance parfaite et des plus séduisantes.

Hier soir, l'Indien du diacre Dole, Tom le borgne, un garçon maussade, est entré par effraction dans la boutique de son maître, où il s'est enivré de rhum et, en arrivant à la maison, il a beaucoup effrayé les femmes par ses paroles et ses gestes menaçants. Or, le diacre rentrant tard de la réunion de l'église, et le voyant ainsi, le frappa violemment avec sa canne, après quoi il s'enfuit et remonta la route en hurlant et en criant comme un mauvais esprit. L'oncle Rawson envoya son serviteur irlandais voir ce qui provoquait tout ce bruit ; mais il revint aussitôt en criant : « Meurtre ! Meurtre ! au sommet de sa voix. Alors mon oncle se dirigea lui-même vers la porte et demanda aussitôt de la lumière, ce que Rebecca et moi accompagnâmes, dans la mesure où l'Irlandais et Effie n'osaient pas sortir. Nous avons trouvé Tom assis sur le cheval, le sang coulant sur son visage et très meurtri et enflé. Il était très féroce et colérique, disant que s'il vivait un mois, il lui ferait une blague à tabac avec le crâne du diacre. Rebecca osa le gronder pour ses menaces, mais lui proposa de lui bander la tête, ce qu'elle fit avec son propre foulard. L'oncle Rawson lui a alors demandé de rentrer chez lui et de se coucher, et à l'avenir, sans parler des boissons fortes, qui avaient été la cause de son passage à tabac. Il ne voulut pas le faire et s'en alla dans les bois en marmonnant à perte de vue.

Ce matin, le diacre Dole est entré et a dit que son serviteur Tom s'était mal comporté, ce pour quoi il l'a modérément corrigé, et qu'il s'est alors enfui et qu'il craignait de le perdre. Il l'a acheté, dit-il, au capitaine Davenport, qui l'a amené du pays de Narragansett, en payant pour lui dix livres et six shillings, et il pourrait difficilement supporter une si grande perte. J'ai osé lui dire que c'était une erreur de tenir n'importe quel homme, même un Indien ou un Noir de Guinée, comme esclave. Mon oncle, qui voyait que ma simplicité n'était pas bien prise, m'a défendu de me mêler de choses qui dépassaient mes profondeurs ; et le diacre Dole, me regardant très maussade, dit que j'étais un homme avant-gardiste ; qu'il avait remarqué que j'avais un air léger et oisif dans l'église ; et, pointant avec sa canne mes cheveux, il dit que je me rendais passible d'une présentation par le Grand Jury pour une infraction au statut du Tribunal, prononcée l'année précédente, contre « la pose impudique des cheveux ». etc. Il a ensuite ajouté qu'il avait vécu des temps étranges, où des gens comme moi osaient s'opposer à des gens sobres et sérieux, mépriser l'autorité et encourager la rébellion et le désordre ; et m'a dit de prendre garde à ce que tous ne soient pas comptés parmi les enfants maudits que l'Apôtre a réprimandés : « Qui, comme des bêtes brutes naturelles, disent du mal de choses qu'ils ne comprennent pas, et périront complètement dans leur corruption. Ma chère cousine Rébecca a prononcé ici un mot en ma faveur et a dit au diacre que la mauvaise conduite de Tom était entièrement due au fait qu'il détenait des liqueurs fortes à vendre, et qu'il avait eu tort de le battre si cruellement, vu qu'il se faisait lui-même une place. la tentation devant lui. Sur ce, le diacre se leva avec colère, ordonnant à son oncle de bien regarder sa future maison. « Non, mes filles, » dit mon oncle après que son voisin eut quitté la maison, « vous avez grandement irrité ce brave homme. » — « N'y prêtez pas attention, » dit Rebecca en riant et en frappant dans ses mains, « vous avez quelque chose à penser. C'est plus rentable, je pense , que les cheveux ou l'apparence de la cousine Margaret en réunion. Il a mangé de la menthe, de l'anis et du cumin assez longtemps, et il est grand temps pour lui de s'occuper des questions les plus importantes de la loi.

La vente de bière et de liqueurs fortes, dit M. Ewall , a beaucoup augmenté depuis les troubles de la colonie et la grande guerre indienne. Le Tribunal prend effectivement soin de n'accorder des licences qu'à des personnes discrètes ; mais beaucoup d'alcool est vendu sans mandat. Pour ma part, je pense que le vieux Chaucer a raison dans son Pardoner's Tale :

"Une chose semblable est le vin, et l'ivresse
est pleine d'efforts et de misère. Ô homme ivre ! ton visage est défiguré, ton haleine est aigre, l'art alors d'embrasser est infect ; ta langue est perdue et tous tes soins honnêtes, à cause de l'ivresse. est une véritable sépulture de l'esprit de l'homme et de sa discrétion.

AGAMENTICUS, 18 août.

Le temps étant clair et la chaleur grande, la semaine dernière, mon oncle et ma tante, avec Rebecca et moi, ainsi que Leonard et Sir Thomas, avons pensé que c'était le moment approprié pour faire un petit voyage par eau jusqu'aux îles des Shoals et à l' Agamentoticus , où habite mon oncle Smith, qui m'a fortement pressé de lui rendre visite. Un certain Caleb Powell, un marin, possédant un bon bateau neuf, avec une petite cabine, se chargea de nous transporter. C'est un drôle d'homme étrange, qui a voyagé dans toutes les parties du monde, a beaucoup vu et lu, et, ayant une mémoire rare, n'est pas de mauvaise compagnie, bien que son oncle dise qu'il faut tenir compte de son désir de faire ses auditeurs s'émerveillent de ses histoires et de ses vanités. Nous avons navigué avec un bon vent d'ouest sur la rivière, en passant par les grands marais salants qui s'étendent très loin au bord de la mer et dans lesquels les habitants de la ville sont maintenant très occupés à faucher et à ramasser l'herbe pour l'hiver. Laissant sur notre droite l'île aux Plums (appelée ainsi à cause des rares prunes qui y poussent), nous pénétrâmes en pleine mer et arrivâmes bientôt en vue des îles des Hauts-fonds. Il y en a sept en tout, situés au large de la ville de Hampton, sur le continent, à environ une lieue. Nous avons débarqué sur ce qu'on appelle le Star, et avons été hospitalièrement reçus jour et nuit par M. Abbott, un vieil habitant des îles, largement employé dans la pêche et le commerce, et avec qui oncle avait quelques affaires. Dans l'après-midi, le fils de M. Abbott nous fit parcourir les îles à la rame et nous montra la manière de soigner le poisson-dun, pour lequel l'endroit est célèbre. Ils fendaient les poissons et les déposaient sur les rochers au soleil, en utilisant peu de sel, mais en les retournant souvent. Il y a un palais de justice sur la plus grande île et une école célèbre où de nombreux planteurs du continent envoient leurs enfants. Nous avons remarqué une grande fente dans les rochers, où, lorsque les Indiens sont arrivés dans les îles il y a de nombreuses années, en ont tué certains et en ont emmené d'autres en captivité, une certaine Betty Moody s'est cachée et qui est par conséquent appelée Betty Moody's Hole. Aussi, le tas de roches dressé par le célèbre capitaine John Smith, lorsqu'il prit possession des îles en 1614. Nous vîmes notre vieille connaissance Peckanaminet et sa femme, dans un petit canot de bouleau, pêcher à peu de distance. M. Abbott dit qu'il se souvient bien de l'époque où les Agawams étaient presque coupés par les Indiens Tarratine ; car ce matin-là, de bonne heure, entendant de grands cris et des huées, il sortit sur la pointe des rochers et vit une grande flotte de canots remplis d'Indiens, revenant d'Agawam, et le bruit qu'ils faisaient il prit pour leur joie. sur leur victoire.

Le soir, un vent froid d'est commença à souffler, et il apporta de l'océan un brouillard humide, de sorte que nous étions heureux d'entrer dans la maison. Sir Thomas nous a divertis par son récit vivant des choses à Boston et d'un voyage qu'il avait fait jusqu'aux plantations Providence. Il nous a ensuite demandé s'il était vrai, comme il l'avait appris de M. Mather, de Boston, qu'il y avait une maison à Newbury tristement assiégée par les diablotins de Satan, et que la famille ne pouvait pas dormir à cause des agissements des mauvais esprits. L'oncle Rawson a déclaré qu'il en avait entendu parler et que M. Richardson avait été envoyé chercher pour prier contre ce méfait. Pourtant, comme il considérait Goody Morse comme une pauvre femme idiote, il ne devrait pas prêter attention à son histoire ; mais voici son voisin le plus proche, Caleb Powell, qui pourrait sans doute en dire davantage. Sur quoi, Caleb dit qu'il était effectivement vrai qu'il y avait un très grand désordre dans la maison de Goodman Morse ; les portes s'ouvraient et se fermaient, les objets ménagers sortaient de la pièce, puis tombaient dans la cheminée, et diverses autres choses étranges, dont beaucoup il avait lui-même vu. Pourtant, il croyait que cela pouvait s'expliquer d'une manière naturelle, d'autant plus que le vieux couple vivait avec eux un garçon méchant et sans grâce, qui pourrait être capable de faire les tours par sa grande subtilité et sa ruse. Sir Thomas a dit que ce pourrait être le garçon ; mais que M. Josselin , qui avait beaucoup voyagé par ici, lui avait dit que les Indiens pratiquaient la sorcellerie, et que, maintenant qu'ils étaient vaincus à la guerre, il craignait qu'ils ne s'y adonnent, et qu'ils font ainsi par leur sagesse diabolique ce qu'ils ont fait. je ne pouvais pas le faire par la force ; et en vérité, cela ressemblait beaucoup au début de leurs enchantements. « Que le diable aide les païens dans cette affaire, j'en suis moi-même sûr », a déclaré Caleb Powell ; "car lorsque j'étais à Port Royal, il y a de nombreuses années, j'ai vu de mes yeux brûler un vieux sorcier nègre, qui avait fait mourir de nombreux Blancs, ainsi que les siens, par un charme qu'il avait apporté avec lui du pays de Guinée. M. Hull, le ministre de l'endroit, qui était locataire de la maison, a déclaré qu'il avait entendu un certain Foxwell , planteur réputé à Saco, récemment décédé, raconter une affaire étrange qui lui était arrivée, lors d'un voyage au pays. vers l'est. Etant dans une petite chaloupe, et rattrapé par la nuit, il jeta l'ancre un peu au large, craignant de débarquer à cause des Indiens. Or, il est fort probable qu'ils aient été réveillés vers minuit par une voix forte venant de la terre, criant : Foxwell , descendez à terre ! trois fois; sur quoi, regardant d'où venait la voix, ils aperçurent un grand cercle de feu sur la plage, et des hommes et des femmes dansaient en cercle autour de lui. Bientôt, ils disparurent et le feu fut également éteint. Le matin, il débarqua, mais ne trouva ni Indiens ni Anglais, seulement des bouts de brandons rejetés par les vagues ; et il a cru, jusqu'au jour de sa mort, qu'il s'agissait d'un morceau de sorcellerie indienne. "On raconte d'étranges histoires sur Passaconaway , le chef des Indiens de la rivière", a-t-il poursuivi. " J'ai entendu quelqu'un dire qui l'a vu, qu'une fois, aux chutes de Patucket , ce chef, se vantant de son talent en magie, ramassa une peau sèche de serpent, qui avait été rejetée, comme c'est l'habitude du reptile. et faisant quelques mouvements violents de son corps, et faisant appel à son familier, ou démon, il le jeta aussitôt sur les rochers, et il devint un grand serpent noir, que mon informateur vit ramper dans des buissons, très agile. Ce Passaconaway était considéré par sa tribu comme un prestidigitateur très rusé, et ils croient qu'il pouvait provoquer des tempêtes, faire brûler l'eau et faire pousser des feuilles vertes sur les arbres en hiver ; et, en bref, on peut dire de lui, qu'il n'était pas du tout en retard sur les magiciens d'Egypte au temps de Moïse.

"Il y a des femmes dans les régions froides de la Norvège", a déclaré Caleb Powell, "comme j'ai entendu les marins le raconter, qui soulèvent des tempêtes et coulent des bateaux à leur guise."

"C'est bien possible", dit M. Hull, "puisque l'on parle de Satan comme du prince et de la puissance de l'air."

"Les écrivains profanes d'autrefois font mention de telles sorcelleries", a déclaré l'oncle Rawson. "Il y a longtemps que je n'en ai pas lu ; mais Virgile et Apulius parlent, si je ne me trompe, de ce pouvoir sur les éléments."

« Ne vous souvenez-vous pas, père, » dit Rébecca, « de quelques vers de Tibulle, dans lesquels il parle d'une certaine enchanteresse ? Quelqu'un les a rendus ainsi :

"Je l'ai aperçue avec ses charmes, tirant les étoiles du ciel,
et tournant le cours des rivières. Elle divise la terre, et les fantômes des sépulcres
, arrache et éloigne les os des feux,
et, à son gré, disperse les nuages dans l'air, Et rend la neige chaude et belle en été."

Ici, Sir Thomas dit en riant à Rebecca qu'il accordait plus de confiance à ce que ces vieux écrivains racontaient sur les arts magiques des sirènes au doux chant, et sur Circé et ses enchantements, et sur les jeunes filles illyriennes, si merveilleuses dans leur beauté. qui ont tué avec leur apparence contre laquelle ils étaient en colère.

"C'est peut-être pour une raison quelconque", a déclaré Rebecca, "que, comme me le dit M. Abbott, le Tribunal a interdit il y a de nombreuses années aux femmes de vivre sur ces îles."

"Je vous en prie, comment c'était ?" » demanda Sir Thomas.

« Vous devez savoir, » répondit notre hôte, « qu'au début de la colonisation des Shoals, les navires venant pêcher sur cette côte faisaient ici leur port, amenant ici de nombreux marins grossiers de différentes nations ; et la Cour a jugé que ce n'était pas le cas. un endroit convenable pour les femmes, et la loi interdisait donc leur résidence sur les îles appartenant au Massachusetts.

Il a ensuite demandé à son épouse d'obtenir l'ordonnance du tribunal concernant son séjour dans les îles, faisant remarquer qu'il l'avait fait venir du Maine malgré la loi. Sa femme le récupéra donc, et oncle Rawson le lut, dans le sens suivant : « Qu'une requête ayant été envoyée à la Cour, priant pour que la loi soit mise en vigueur à l'égard de John Abbott, sa femme, la Cour ne jugez qu'il convient, si aucune autre plainte n'est portée contre elle, qu'elle apprécie la compagnie de son mari. Nous avons tous ri de bon cœur.

Le lendemain matin, le brouillard se dissipant de bonne heure, nous partîmes pour Agamentoticus , longeant la côte et au large de l'embouchure de la rivière Piscataqua, passant près de l'endroit où demeurait mon regretté oncle Edward, dont la renommée de digne gentleman et de magistrat est toujours vivante. Nous avions devant nous toute la journée le mont Agamenticus , une belle colline majestueuse qui s'élevait pour ainsi dire hors de l'eau. Vers la nuit, une douche intelligente tomba, avec des tonnerres et des éclairs comme je n'en avais jamais vu ni entendu auparavant ; et le vent soufflait et une grande pluie tombait sur nous, nous étions pendant un certain temps en grand péril ; mais, grâce à la miséricorde de Dieu, la situation s'éclaircit soudainement et nous sommes entrés dans la rivière Agamentoticus sous un soleil éclatant. Avant la nuit, nous arrivâmes à la maison de mon honoré oncle, où, n'étant pas à la maison, sa femme et ses filles nous reçurent gentiment.

10 septembre.

Je me trouve vraiment à l'aise à cet endroit. Mes deux cousines, Polly et Thankful, sont toutes deux jeunes femmes célibataires, très gentilles et agréables, et, depuis le départ de mes amis de Newbury, j'ai appris d'elles beaucoup de choses concernant le ménage, même si je ne suis encore qu'un piètre érudit. L'oncle est maréchal de la province, ce qui l'éloigne beaucoup de la maison ; et ma tante, qui est une femme malade, garde beaucoup de choses dans sa chambre ; de sorte que les affaires de la maison et de la plantation reposent principalement sur les jeunes femmes. Si jamais je retourne à Hilton Grange, j'aurai des histoires à raconter sur ma pâtisserie et mon brassage, sur mes tartes à la citrouille et sur mon pain fait avec la farine de maïs indien ; oui, plus encore, de cueillir des fruits sauvages dans les bois et des canneberges dans les prés, de traire les vaches et de soigner les cochons et les poules de basse-cour. Ensuite, nous avons fait de nombreux petits voyages agréables sur l'eau et à cheval, le jeune M. Jordan, de Spurwiuk , qui a demandé Polly en mariage, nous accompagnait. C'est un jeune homme très agréable, mais un grand homme d'Église, comme on pouvait s'y attendre, son père étant le ministre du peuple de Black Point, et très amer envers le Massachusetts, son clergé et son gouvernement. Mon oncle, qui se mêle peu des affaires de Church, le considère comme un jeune homme plein d'espoir et non comme un mauvais prétendant pour sa fille. Il a été en Angleterre pour ses études et est considéré comme un érudit ; mais, bien que destiné au service de l'Église, il est davantage enclin à la vie de planteur et prend la charge de la plantation de son père à Spurwink . Polly n'est pas belle et gracieuse comme Rebecca Rawson, mais elle a la fraîcheur de la jeunesse et de la santé, une certaine bonté de regard et de voix, et une douceur de caractère qui la louent aux yeux de tous. Reconnaissant est plus âgé de quelques années, et, s'il n'est pas aussi gai et joyeux que sa sœur, il n'y a pas lieu de s'en étonner , puisque celui qu'elle aimait a été tué dans le pays de Narragansett il y a deux ans. Ô ces guerres sanglantes. Rares sont ceux dans ces provinces orientales qui n'ont pas été appelés à pleurer la perte d'un ami proche et cher, de sorte qu'en vérité le pays est en deuil.

18 septembre.

Réunion très perturbée hier, — un Quaker déclamé entrant et s'asseyant avec son chapeau sur l'heure du sermon, fredonnant et gémissant, et balançant son corps d'avant en arrière comme un possédé. Au bout d'un moment , il se leva et prononça un grand malheur sur les prêtres, les traitant de nombreux noms durs et déclarant que tout le pays puait leur hypocrisie. L'oncle lui parla brusquement et lui dit de se taire, mais il ne fit que crier plus fort. Des jeunes gens se saisirent alors de lui et l'emmenèrent. Ils l'ont amené près de mon siège, il pendait comme un sac de farine, les yeux fermés, le corps le plus malheureux que j'aie jamais vu. Les magistrats l'ont fait fouetter vigoureusement ce matin et l'ont expulsé du tribunal. On m'a dit qu'il n'était pas un vrai Quaker ; car, bien qu'il soit un parasite bruyant et bagarreur lors de leurs réunions, il n'est pas en communion avec les plus sobres et discrets de ce peuple.

Rebecca m'écrit qu'on parle beaucoup de la sorcellerie dans la maison de William Morse ; et que Caleb Powell a été accusé d'être le sorcier. M. Jordan l'aîné dit qu'il ne s'étonne en rien de la puissance du diable dans le Massachusetts, car à son instigation les dirigeants et les ministres de la colonie se sont opposés à l'ordre véritable et évangélique de l'Église, et calomnient et persécutent. tous ceux qui n'adoreront pas dans leurs conventicules.

Un M. Van Valken , un jeune gentleman d'origine hollandaise et l'agent de M. Edmund Andross , du territoire du duc d'York, se trouve maintenant dans cet endroit, diverti par M. Godfrey, le défunt gouverneur adjoint. Il m'a apporté une lettre de tante Rawson, qu'il a rencontrée à Boston. C'est un homme instruit et sérieux, qui a beaucoup voyagé et qui a l'air de haute éducation. Le ministre ici le considère comme papiste et jésuite, d'autant plus qu'il ne l'a pas rendu visite ni n'est allé à la réunion. Il se rend bientôt à Pemaquid , pour prendre en charge ce fort et cette station commerciale, qui ont beaucoup souffert de la guerre.

30 septembre.

Hier, ma cousine Polly et moi, avec le jeune M. Jordan, sommes allés au sommet de la montagne, qui se trouve à quelques milles du port. Ce n'est pas difficile à gravir en ce qui concerne la pente, mais il est tellement enchevêtré de buissons et de vignes qu'on peut à peine les percer. Les espaces ouverts étaient jaunes de verges d'or, et les asters pâles étaient nombreux à l'ombre et au bord des ruisseaux qui, avec un bruit agréable, descendaient la colline avec un bruit agréable. Quand nous arrivâmes au sommet, qui est dénudé et rocheux, nous avions une belle vue de la côte, avec ses nombreux détours et ses îles, depuis le cap Ann, près de Boston, jusqu'au cap Elizabeth, près de Casco, le Piscataqua et l' Agamentoticus. rivières; et plus loin, au nord-ouest, nous pouvions voir les sommets des montagnes ressemblant à des nuages d'été ou à des bancs de brouillard gris. Ces montagnes s'étendent à plusieurs lieues dans le désert, et on dit qu'elles sont extrêmement élevées.

Mais je dois nécessairement parler de la couleur des bois, qui m'a beaucoup étonné, comme si elle ne ressemblait à rien de ce que j'avais jamais vu dans la vieille Angleterre. Aussi loin que mes yeux pouvaient regarder, le puissant désert, sous le soleil éclatant de l'ouest et agité par un vent doux, ressemblait effectivement à un jardin en sa saison de floraison ; des feuilles vertes, foncées et claires, orange, jaune pâle et pourpre, mélangeant et entrelaçant leurs différentes teintes, d'une manière vraiment merveilleuse à voir. Cela est dû, me dit-on, aux gelées soudaines qui, dans ce climat, frappent la végétation dans sa pleine vie et sa verdure, de sorte qu'en l'espace de quelques jours les couleurs des feuilles sont merveilleusement changées et éclaircies. Ces couleurs me rappelaient les taches des vitraux des vieilles églises et les riches tapisseries. Les érables étaient tous flamboyants de pourpre, les noix étaient orange, les pruches et les cèdres étaient presque noirs ; tandis que les bouleaux élancés, avec leurs feuilles jaune pâle , semblaient peints dessus comme des tableaux posés sur un fond sombre. J'ai regardé jusqu'à ce que mes yeux se lassent, et qu'un sentiment de la merveilleuse beauté de la création visible et de la grande bonté de Dieu envers les enfants des hommes qui s'y trouvent repose sur moi, et j'ai dit dans mon cœur, avec l'un des anciens : " O Seigneur, combien tes œuvres de sagesse tu les as toutes faites, et la terre est pleine de tes richesses.

6 octobre.

Je me suis rendu aux mines de fer, un grand trou creusé dans les rochers, il y a de nombreuses années, pour trouver du fer. Tante, qui venait alors de s'installer comme ménagère, m'a raconté de nombreuses histoires merveilleuses sur l'homme qui l'avait fait creuser , un célèbre docteur en physique et, semble-t-il, également un grand sorcier. Il acheta un titre de terre sur la rive sud de la rivière Saco, à quatre milles au bord de la mer et huit milles en amont sur le continent de M. Vines, le premier propriétaire de celle-ci ; et étant curieux dans la recherche et le travail des métaux, il se promettait de grandes richesses dans ce nouveau pays ; mais ses travaux n'aboutirent à rien, même si l'on disait que Satan l'aidait, sous la forme d'un petit serviteur noiramoor, qui était son familier constant. Ma tante dit qu'elle l'a vu souvent, errant parmi les collines et les bois, et le long des rives des cours d'eau, à la recherche de minerais et de pierres précieuses. Il avait même été jusqu'aux grandes montagnes, au-delà de Pigwackett , grimpant jusqu'au sommet de celles-ci, où les neiges restent presque toute l'année, son chemin jusqu'à là traversant de tristes marécages et des bois solitaires. C'était un grand ami des Indiens, qui le tenaient pour un prestidigitateur plus célèbre que leurs propres powahs ; et, en effet, il était instruit dans tous les arts curieux et occultes, ayant étudié au grand collège de Padoue et voyagé dans toutes les régions des vieux pays. Il s'arrêtait parfois au cours de ses voyages chez mon oncle, le petit nègre dormant dans la grange, car ma tante le craignait, car il avait la réputation d'être un méchant lutin. Il se trouva qu'un jour mon oncle avait perdu une vache et qu'il l'avait cherché plusieurs jours dans les bois en vain, lorsque ce célèbre médecin arrivait et le suppliait de la retrouver par son habileté et son savoir ; mais il nia immédiatement son pouvoir de le faire, disant qu'il n'était qu'un pauvre érudit et un amoureux de la science, et qu'il n'avait pas de plus grande compétence dans les matières occultes que n'importe qui pourrait atteindre par une étude patiente des choses naturelles. Mais comme mon oncle ne voulait en aucune manière se décourager ainsi, et le pressant toujours de son art, il prit un peu de charbon et commença à faire des marques sur le sol, d'une manière très négligente.

Puis il fit un point noir au milieu et dit à mon oncle de prendre garde que sa vache gisait morte à cet endroit ; et mon oncle, en le regardant, dit qu'il pouvait la retrouver, car il savait maintenant où elle était, dans la mesure où le médecin avait fait une bonne carte du pays alentour sur plusieurs kilomètres. Il partit donc et trouva la vache couchée au pied d'un grand arbre, près d'un ruisseau, elle était tout à fait morte, ce qui prouvait qu'il n'était pas un magicien méchant.

Ma tante a ajouté qu'à cette époque, on parlait beaucoup de mines d'or et de pierres précieuses, et que beaucoup de gens dépensaient tous leurs biens en errant dans les contrées désertes, cherchant ainsi fortune. Il y avait un vieil homme qui, se souvenait-elle, errait partout à la recherche de trésors cachés, jusqu'à ce qu'il perde la raison et qu'on puisse le voir remplir un sac de pierres brillantes et de sable brillant, marmonnant et riant pour lui-même. Il disparut enfin pendant quelque temps, lorsqu'il fut retrouvé mort dans les bois, tenant toujours fermement dans ses mains son sac de cailloux.

Quand je lui ai demandé si quelqu'un avait trouvé des trésors par ici, ma tante a ri et a dit qu'elle n'avait jamais entendu parler d'un seul homme qui l'avait fait, et c'était le vieux Peter Preble de Saco, qui, s'enrichissant plus vite que ses voisins, était censé devoir son fortune à la découverte d'une mine d'or ou d'argent. Interrogé à ce sujet, il ne le nia nullement, mais avoua qu'il avait trouvé des trésors dans la mer comme sur terre ; et, montrant ses flocons de poisson chargés et ses grands champs de maïs, il dit : « Voici mes mines. De sorte que plus tard, lorsque quelqu'un prospérait grandement dans son domaine, ses voisins disaient de lui : « Il a exploité la mine de Peter Preble. »

8 octobre.

M. Van Valken , le Hollandais, avait devant M. Rishworth , un des commissaires de la province, accusé d'être papiste et jésuite. Il s'est comporté, me dit-on, avec assez de hauteur, niant le droit de le remettre en question et menaçant l'intervention de son ami et dirigeant, Sir Edmund, à cause du tort qui lui avait été fait.

Mon oncle et d'autres ont témoigné qu'il était un gentleman civil et courtois, ne se mêlant pas de questions de nature religieuse ; et qu'ils considéraient que c'était une honte pour la ville qu'il soit molesté de cette manière. Mais le ministre les fit taire, en témoignant qu'il (Van Valken) avait distribué divers livres papistes ; et l'un d'eux étant remis à la cour, il s'avéra que c'était un traité latin d'un papiste célèbre, intitulé « L'imitation du Christ ». Sur ce, M. Godfrey a demandé s'il y avait quelque chose de mauvais dans le livre. Le ministre a dit qu'il avait été écrit par un moine et qu'il était plein d'hérésie, favorisant à la fois les quakers et les papistes ; mais M. Godfrey lui dit qu'il avait été traduit en langue anglaise et imprimé quelques années auparavant dans la baie du Massachusetts ; et lui demanda s'il accusait d'hérésie des hommes tels que M. Cotton et M. Wilson, ainsi que les pieux ministres de leur époque. "Non," dit le ministre, "ils ont vu l'hérésie du livre et, après l'avoir condamné, le Tribunal a interdit sa vente." M. Rishworth déclara alors qu'il jugeait le livre pernicieux et ordonna au connétable de le brûler dans la rue, ce qu'il fit. M. Van Valken , après avoir été gravement réprimandé, fut libéré ; et il dit maintenant qu'il n'est pas papiste, mais qu'il n'en aurait pas dit autant à la Cour pour sauver sa vie, dans la mesure où il a nié son droit de le traduire en justice. M. Godfrey dit que le traitement dont il se plaint n'est qu'un échantillon de ce que les gens d'ici doivent rechercher dans la juridiction du Massachusetts. M. Jordan, le plus jeune, dit que son père possède un exemplaire du livre condamné, de l'imprimerie de Boston ; et étant curieux de le voir, il me propose de me le procurer.

Comme Newbury, c'est une vieille ville pour un pays si nouveau. Elle fut érigée en ville en 1642 et prit le nom de Gorgeana , du nom du seigneur propriétaire, Sir Ferdinando Gorges. Les bâtiments gouvernementaux sont spacieux, mais ils tombent maintenant quelque peu en ruine. Il y a quelques maisons en pierre, mais la majeure partie est à charpente ou en rondins carrés. L'aspect du terrain un peu en dehors de la ville est rude et désagréable, étant très couvert de pierres et de souches ; pourtant on dit que le sol est fort, et que les poires et les pommes y prospèrent bien ; ils cultivent également du seigle, de l'avoine et de l'orge, du maïs indien, et une abondance de navets, ainsi que des citrouilles, des courges et des melons. La guerre avec les Indiens, les troubles et les changements de gouvernement ont exercé une lourde pression sur cette ville et sur d'autres villes du Maine, de sorte qu'on me dit qu'il y a maintenant moins de riches planteurs ici qu'il y a vingt ans, et peu d'augmentation des revenus. moutons ou bovins à cornes. Les gens me semblent moins sobres et moins graves, dans leur port et dans leur conversation, que ceux du Massachusetts, chassant, pêchant et chasseant davantage, et travaillant moins la terre. Ils ne respectent pas non plus le jour du Seigneur de manière aussi stricte ; beaucoup de jeunes partent à l'étranger, à cheval ou à pied, se rendent visite et se divertissent, surtout une fois les réunions terminées.

9 octobre.

Ma bonne-épouse Nowell, une ancienne commère de ma tante, qui est venue ce matin et a parlé du procès du Hollandais Van Valken , a parlé de l'arrivée dans ces régions, il y a de nombreuses années, d'un certain Sir Christopher Gardiner, que l'on pensait être un papiste. . Il cherchait un logement chez elle pour celle qu'il appelait sa cousine, une belle jeune femme, avec sa servante, qui s'occupait d'elle. Elle resta environ un mois, ne voyant personne, et ne sortant que vers le soir, accompagnée de sa servante. Elle parlait peu, mais semblait mélancolique et extrêmement triste, pleurant souvent très amèrement. Sir Christopher n'est venu qu'une seule fois pour la voir, et la bonne épouse Nowell dit qu'elle se souvient bien de l'avoir vue prendre congé de lui sur le bord de la route et revenir en pleurant et en sanglotant tristement ; et que peu de temps après, sachant qu'il avait eu des ennuis à Boston en tant que papiste et homme de mauvaise conduite, elle partit brusquement sur un navire naviguant pour le Massachusetts, lui laissant, en paiement du logement et de la nourriture. , quelques pièces de monnaie, une croix d'or, des étoffes de soie et des foulards. La croix étant celle que les papistes adorent, et donc illégale, son mari l'a enfoncée dans un coin solide en privé et l'a cachée à la connaissance du ministre et des magistrats. Mais comme le pauvre homme ne prospéra plus par la suite, mais qu'il perdit son bétail et ses céréales, et que deux de leurs enfants moururent de la rougeole l'année suivante, et que lui-même étant malade et proche de la fin, il lui parla de sa croix d'or, disant : il croyait que c'était un grand péché de le garder, comme il l'avait fait, et que cela lui avait causé du mal, tout comme le coin d'or, les sicles et le vêtement babylonien ont fait sur Acan , qui a été lapidé, avec tout sa maison, dans la vallée d' Acor ; et le pasteur étant arrivé et ayant été informé à ce sujet, il jugea que, même si ce pouvait être un péché de le cacher par amour des richesses, il pouvait néanmoins être utilisé en toute sécurité pour soutenir la prédication et les ordonnances de l'Évangile, et il en fut de même pour lui-même. emporte-le. La bonne épouse dit que, bien que son mari soit mort peu de temps après, elle-même et sa maison ont dès lors commencé à améliorer leur succession et leur condition.

Me voyant curieux au sujet de Sir Christopher et de son cousin, Goodwife Nowell me dit qu'il y avait un petit paquet de papiers qu'elle avait trouvé dans sa chambre après le départ de la jeune femme, et qu'elle pensait qu'ils pourraient encore être dans une partie de sa maison, même si elle je ne les avais pas vus depuis vingt ans. Alors je la suppliai de les chercher, ce qu'elle promit de faire.

14 octobre.

Une étrange et merveilleuse providence ! Hier soir, il y avait une grande compagnie de voisins chez mon oncle, pour l'aider à décortiquer et à dépouiller le blé, comme c'est la coutume dans ces régions. Le sol de la grange était à moitié rempli de maïs dans ses feuilles sèches ; la compagnie s'asseyait devant elle sur des blocs et des tabourets, arrachant les feuilles et jetant les épis jaunes dans des paniers. Nous avons passé une agréable et joyeuse soirée ; et quand le blé fut presque dépouillé, j'entrai dans la maison avec Cousin Thankful, pour veiller au souper et à la mise des tables, quand nous entendîmes un grand bruit dans la grange, et une des filles entra en courant en criant : , "O reconnaissant ! Reconnaissant ! John Gibbins nous est apparu ! Son esprit est dans la grange !" Les assiettes tombèrent des mains de ma cousine et, avec un léger cri, elle retomba un peu contre le mur ; quand, entendant au dehors une voix d'homme qui prononçait son nom, elle courut à la porte, avec l'air hors d'elle ; tandis que moi, tremblant de la voir dans un tel état, je la suivais. Il y avait une lune claire et un homme de grande taille se tenait dans la lumière, près de la porte.

"John," dit mon cousin d'une voix rapide et étouffée, "est-ce toi ?"

"Pourquoi, Thankful, tu ne me connais pas ? Je suis vivant ; mais les gens dans la grange diront que je suis un fantôme", dit l'homme en se précipitant vers elle.

Avec un grand cri de joie et d'émerveillement, mon cousin le saisit : « Ô Jean, tu es vivant !

Puis elle s'est évanouie et nous avons dû conclure un accord pour lui redonner vie. À ce moment-là, la maison était pleine de monde, et parmi les autres se trouvaient la vieille mère de John et ses sœurs, et nous pleurions et rions tous en même temps. Dès que nous nous sommes un peu calmés, John nous a dit qu'il avait effectivement été grièvement assommé par le coup d'un tomahawk et laissé pour mort par ses camarades, mais qu'au bout d'un moment il a repris ses esprits et a pu marcher; mais, tombant entre les mains des Indiens, il fut transporté dans les Canadas français, où, à cause de ses grandes souffrances en route, il tomba malade et resta longtemps à l'article de la mort. Que lorsqu'il repartirait, le sauvage qui l'avait hébergé et qui l'avait pris pour fils à la place du sien, tué par les Mohawks, ne le laisserait pas rentrer chez lui, bien qu'il avouât que la guerre était terminée. à une fin. Son père indien, dit-il, qui était faible et vieux, était mort il n'y a pas longtemps et il était rentré chez lui en passant par Crown Point et Albany. Le souper étant prêt, nous nous assîmes tous, et le ministre qu'on avait appelé, remercia pour la merveilleuse préservation et la restauration de l'ami perdu et maintenant retrouvé, ainsi que pour les bénédictions de la paix, grâce auxquelles chacun pouvait désormais s'asseoir sous sa propre vigne et son figuier, sans que personne ne le moleste ou ne l'effraye, et à cause de l'abondance de la récolte, des trésors des mers et du butin des bois, afin que notre terre puisse reprenez le chant du Psalmiste : « L'Éternel bâtit Jérusalem ; il rassemble les exclus d'Israël ; il guérit les cœurs brisés. Loue ton Dieu, ô Sion ! Car il renforce les barres de tes portes, il fait la paix dans tes frontières et te remplit du meilleur blé. " Oh ! nous avons eu un doux souper, quoique peu mangé, car nous étions rassasiés. "Je suis tombé de joie et n'avais pas besoin d'autre nourriture. Lorsque la compagnie fut partie, ma chère cousine et son fiancé se séparèrent un peu et parlèrent de tout ce qui leur était arrivé pendant leur longue séparation. Je les laissai assis amoureusement ensemble dans la lumière. de la lune, et une mesure de leur bonheur indescriptible m'accompagna jusqu'à mon oreiller.

Ce matin, Thankful est venue à mon chevet pour me confier son cœur. La pauvre fille est comme une nouvelle créature. L'ombre de son lourd chagrin, qui reposait autrefois sur son visage, s'est dissipée comme un nuage du matin, et ses yeux ont la lumière d'une joie profonde et tranquille.

« Je sais maintenant, » dit-elle, « ce que David voulait dire quand il dit : « Nous sommes comme ceux qui rêvent ; notre bouche est remplie de rire et notre langue de chants ; le Seigneur a fait pour nous de grandes choses dont nous sommes fiers. » content!'"

18 octobre.

Une journée nuageuse et humide. Goody Nowell m'a apporté ce matin un petit paquet de papiers qu'elle a trouvé dans le coin d'un placard. Ils sont très tachés et fumés, et les souris les ont tristement mangés, de sorte que je ne peux en faire que peu de choses. Il semble s'agir de lettres et de quelques fragments de ce qui s'est passé dans la vie d'une jeune femme de qualité du nord de l'Angleterre. Je trouve fréquemment mention du cousin Christophe, dont on parle aussi comme d'un soldat dans les guerres contre les Turcs et comme d'un chevalier de Jérusalem. Si mal que je puisse comprendre le sens de ces fragments, j'en ai lu assez pour me rendre le cœur triste, car j'en déduis que la jeune femme fut dans sa jeunesse fiancée à sa cousine, et que plus tard, à cause, à mon avis, Sous l'autorité de ses parents, elle se sépara de lui, il partit à l'étranger et entra dans les guerres, croyant qu'elle devait en épouser un autre. Mais il semblait que le cœur de la jeune femme plaidait tellement pour sa cousine qu'elle ne pouvait pas être amenée à se marier comme sa famille le lui demandait ; et, après quelques années, elle, apprenant par hasard que Sir Christopher était parti pour la Nouvelle-Angleterre, où il agissait en tant qu'agent de son parent, Sir Ferdinando Gorges, en ce qui concerne la province du Maine, quitta en privé sa maison. , et prenez passage à bord d'un navire à destination de Boston. Comment elle s'est fait connaître à Sir Christopher, je ne trouve aucune mention ; mais, étant maintenant chevalier de l'ordre de Saint-Jean de Jérusalem, et ayant juré de renoncer au mariage, comme c'est la règle de cet ordre, et étant, de plus, comme on le pensait, prêtre ou jésuite, son grand amour et sa constance ne pouvait rencontrer qu'un triste retour de sa part. Il semble cependant qu'il se soit rendu à Montréal pour y prendre conseil auprès de quelques-uns des grands prêtres papistes, concernant l'obtention d'une dispense du chef de l'Église, afin qu'il puisse épouser la jeune femme ; mais, n'y trouvant aucun encouragement, il se rendit à Boston pour lui trouver un passage vers l'Angleterre. On se plaignait de lui comme papiste ; et l'arrivée de son cousin étant de plus connue, il en résulta un grand et cruel scandale, et il fut considéré comme un homme de mauvaise vie, bien que je ne trouve rien qui justifie une telle idée, bien au contraire. Ce qu'il est advenu de lui et de la jeune femme, sa cousine, en fin de compte, je ne l'apprends pas.

Un petit paquet m'a touché jusqu'aux larmes. C'était un papier contenant des feuilles de roses sèches et flétries, avec ces mots écrits dessus "À Anna, de la part de son cousin bien-aimé, Christopher Gardiner, étant la première rose qui a fleuri cette saison dans le jardin du Collège . Saint-Omer, juin , 1630." Je ne pouvais que penser combien de larmes avaient été versées sur ce petit signe, et combien de fois, au cours de longues et fatigantes années, il évoquait la douce joie de l'amour précoce, de cette plus belle fleur de la source de vie dont il était le fruit. un emblème, semblable par sa beauté et son dépérissement rapide.

Il y a en outre parmi les papiers divers vers qui semblent avoir été composés par Sir Christopher ; ils sont en langue latine et inscrits au nom de son cousin, portant une date bien des années avant que les deux ne soient dans ce pays, et alors qu'il était encore étudiant au Collège des Jésuites de Saint-Omer, en France. Je ne trouve rien d'une époque postérieure, sinon les vers que je copie ci-après, sur lesquels sont écrits d'une main de femme ces mots :

"VERSETS

" Écrit par Sir Christopher alors qu'il était prisonnier parmi les Turcs en Moldavie et qu'il attendait la mort de leurs mains.

1.

" Avant de descendre les collines bleues des Carpates, le soleil retombera, adieu cette vie et tous ses maux, adieu à la cellule et à la chaîne.

2.

"Ces ombres de prison sont sombres et froides, mais bien plus sombres qu'elles. L'ombre d'un vieux chagrin est toujours sur mon cœur .

3.

"Car depuis le jour où le bois
de Warkworth s'est fermé sur mon cheval et moi, -
un étranger de mon nom et de mon sang, - une mauvaise herbe jetée pour mourir;

4.

"Quand, en regardant en arrière, dans la lumière du coucher du soleil, j'ai vu sa tourelle briller, Et de sa fenêtre, au loin et blanche, Son signe d'adieu, le ruisseau ;

5.

"Comme quelqu'un qui, depuis quelque rivage désert, aperçoit les îles vertes de sa maison, et, en vain, contemple le désert des vagues et du ciel,

6.

" Ainsi, depuis le désert de mon destin, je regarde le passé ; et toujours sur le cadran de la vie, l'ombre est projetée vers l'arrière.

7.

"J'ai erré d'un rivage à l'autre, Je me suis agenouillé devant de nombreux sanctuaires, Et je me suis incliné jusqu'au sol rocheux Où brillent les cierges de Bethléem;

8.
"Et par le Saint- Sépulcre
, j'ai promis mon épée chevaleresque, Au Christ, son Église bienheureuse, et
à sa Mère de notre Seigneur !

9.
" Oh, vain le vœu et vain le conflit Comme toutes choses semblent vaines !
Mon âme est dans le passé, et la vie d'aujourd'hui n'est qu'un rêve.

10.
« En vain la pénitence est étrange et longue, et dure à supporter pour la
chair ; la prière, le jeûne et la lanière, et le sac de poils :

11.
"Les yeux de la mémoire ne dormiront pas, Ses oreilles sont encore
ouvertes, Et ils veillent avec le passé Contre ou avec ma volonté.

12.
"Et toujours les amours et les espoirs des anciens se lèvent toujours; Je vois
le flux des mèches d'or, L'éclat des yeux aimants.

13.
« Ah moi ! sur la poitrine d'un autre, ces mèches dorées reposent ; je vois
sur un autre repos le regard qui était autrefois le mien !

14.
"'Ô prêtre infidèle ! Ô chevalier parjure !' J'entends le maître crier,

« Ferme la vision de ta vue,
que la terre et la nature meurent. »

15.
"'L'Église de Dieu est maintenant mon épouse, et tu es l'époux; alors laisse
le fardeau de tes vœux reposer sur ton cœur humain.'

16.
"En vain ! — Ce cœur doit connaître sa douleur,
Jusqu'à ce que la vie elle-même ait cessé, Et tombe sous le même coup
L'amant et le prêtre !

17.
« Ô Mère compatissante ! âmes de lumière, Et vieux saints et martyrs, Priez
pour un chevalier faible et pécheur, Soutenez un homme souffrant.

18.
"Alors laisse le Paynim accomplir sa volonté, Que la mort délie ma chaîne,
Avant que sur la colline bleue des Carpates, le coucher du soleil retombe !"

Mon cœur est lourd à la pensée de ces malheureux. Où sont-ils maintenant ? Le chevalier a-t-il renoncé à son faux culte et à ses vœux, et a-t-il ainsi épousé sa bien-aimée Anna ? Ou bien se sont-ils séparés pour toujours, elle retournant chez ses parents, et lui chez ses compagnons de Malte ? A-t-il péri aux mains des infidèles, et la jeune fille dort-elle dans le tombeau familial, sous les chênes de son père ? Hélas! qui peut le dire ? Je dois nécessairement les laisser, ainsi que leurs peines et leurs épreuves, à Celui qui n'afflige pas volontairement les enfants des hommes ; et quels qu'aient pu être leurs péchés et leurs folies, ma prière est qu'ils soient pardonnés, car ils ont beaucoup aimé.

20 octobre.

J'ai l'intention de partir demain pour le Massachusetts, en bateau jusqu'à la rivière Piscataqua, et de là à cheval jusqu'à Newbury.

Le jeune M. Jordan a passé hier et la nuit dernière avec nous. C'est un bon garçon, d'un caractère très doux et doux ; il ne me semble pas non plus manquer d'entrain, bien que son père (qui n'aime pas ses manières tranquilles et son caractère facile, si contraires aux siens, et qui est profondément déçu d'avoir choisi la vie de fermier plutôt que celle de ministre) , pour lequel il l'a destiné) l' accuse souvent de cette infirmité. Hier soir, nous avons eu une conversation très agréable sur le choix qu'il a fait ; et quand je lui ai dit que peut-être il aurait pu devenir un grand prélat dans l'Église, habiter un palais et faire de notre cousin une grande dame ; alors que maintenant je ne voyais pas de meilleure perspective pour lui que de cultiver du maïs pour que sa femme en fasse du pudding et de couper du bois pour faire bouillir sa bouilloire, il a ri joyeusement et a dit qu'il n'aurait jamais dû atteindre plus haut qu'un vicaire dans une paroisse pauvre. ; et quant à Polly, il était sûr qu'elle était plus à l'aise dans la préparation de puddings que dans le rôle de la belle dame.

« Pour ma part, » continua-t-il d'un ton sérieux, « je n'ai aucune idée que la chaire soit ma place ; j'aime mieux les champs et le ciel que les plus grandes églises bâties par l'homme ; et quand le vent souffle dans le grand bosquet de pins sur la colline près de notre maison, je doute qu'il existe dans toute l'Angleterre un chœur aussi mélodieux et solennel. Ces bois peints d'automne, et cette lumière du coucher du soleil, et là-bas des nuages d'or et de pourpre, me semblent mieux adaptés à provoquer des pensées de dévotion et éveiller un respect et un amour plus convenables pour le Créateur que les vitraux et les hauts toits voûtés des vieilles cathédrales. Je sais, en effet, qu'il y a beaucoup de nos pauvres planteurs occupés qui, en raison de leur ignorance, , la mauvaise éducation et le manque de calme pour la contemplation, ne voient rien dans ces choses, sinon dans la mesure où elles affectent leurs récoltes de céréales ou d'herbes, ou leur confort corporel d'une manière ou d'une autre. Mais pour ceux dont l'esprit a été éclairé et rendu grand et libre par l'étude et beaucoup de réflexion, et dont les yeux ont appris à contempler la beauté et l'adéquation des choses, et dont les oreilles ont été si ouvertes qu'elles peuvent entendre les ravissantes harmonies de la création, la vie d'un planteur est très souhaitable même dans ce désert, et malgré le labeur et les privations qui en découlent. Il y a des sources qui jaillissent dans le cœur de ceux-là, plus douces que les sources d'eau qui coulent des flancs des collines où ils séjournent ; et là aussi, les fleurs d'été fleurissent toute l' année . L'homme stupide ne le sait pas, et l'insensé ne le comprend pas non plus . »

"Voyez maintenant," me dit Polly, "comme il est dur avec nous, pauvres gens ignorants."

« Non, à vrai dire, » dit -il en se tournant vers moi, « votre cousine ici présente doit être tenue pour responsable de mes inclinations actuelles ; car c'est elle qui les a confirmés et fortifiés. Pendant que j'étais occupé à livres, elle avait interrogé les champs et les bois ; et, comme si les vieilles fables des poètes étaient bien vraies, elle en obtenait des réponses, comme les prêtresses et les sibylles le faisaient autrefois du bruissement des feuilles et des arbres, et des bruits des eaux courantes ; afin qu'elle puisse m'apprendre beaucoup de choses sur l'usage et les vertus des plantes et des arbustes, et sur leur époque de floraison et de décomposition ; sur la nature et les habitudes des animaux et des oiseaux sauvages, sur les changements de l'air et sur les les nuages et les vents. Ma science, ainsi appelée, ne m'avait donné guère plus que les noms de choses qui lui étaient familières et communes. C'est en sa compagnie que j'ai appris à lire la nature comme un livre toujours ouvert et plein de délices. enseignements, jusqu'à ce que mes pauvres connaissances scolaires semblent indésirables et fastidieuses, et le bavardage même des merles bruyants dans les prairies printanières plus profitable et plus agréable que les disputes colériques et les chicanes et subtilités des écoliers et des théologiens.

Ma cousine rougit, et, souriant de ses yeux humides à ce langage de son amie bien-aimée, dit qu'il ne fallait pas croire tout ce qu'il disait ; car, en effet, c'était en étudiant les poètes païens qu'il avait pour la première fois pensé à devenir agriculteur. Et elle lui demanda de répéter quelques-uns des vers qu'il avait au bout de la langue. Il rit et dit qu'il supposait qu'elle voulait dire quelques vers d'Horace, qui avaient été ainsi anglais :

"J'ai souvent souhaité avoir une ferme,
Une demeure décente, confortable et chaleureuse, Un jardin et une source aussi pure que du cristal coulant à ma porte, Outre un ancien bosquet de chênes, Où je pourrais me promener à loisir.

"Les dieux miséricordieux, pour couronner mon bonheur,
m'ont accordé ceci et bien plus que cela, —

ils me promettent un époux modeste, pour allumer mon foyer et garder ma maison. Je ne demande rien de plus que, libre de tout conflit, de conserver ces bénédictions. toute ma vie!"

Tam était extrêmement heureuse, je dois le dire, de la perspective d'avoir ma cousine Polly. Son prétendant est tout à fait un digne jeune homme ; et, compte tenu de l'incertitude de toutes les choses humaines, elle peut très bien espérer une vie heureuse avec lui. Je laisserai derrière moi demain de chers amis, qui m'étaient étrangers il y a quelques semaines à peine, mais aux joies et aux peines desquels je participerai désormais toujours, dans la mesure où j'arrive à les connaître, que je les voie ou non . leurs visages plus dans cette vie.

HAMPTON, le 24 octobre 1678.

J'ai pris congé de mes bons amis à Agamentoticus , ou York, comme on l'appelle maintenant, le lendemain du dernier rendez-vous de mon journal, en allant en bateau avec mon oncle à Piscataqua et Strawberry Bank. C'était une journée nuageuse et j'étais refroidi avant d'arriver à l'embouchure de la rivière ; mais comme le vent fort était très en notre faveur, nous pûmes faire le voyage dans un temps plus court qu'il n'est d'usage. Nous nous arrêtâmes un peu chez un M. Cutts , un homme de quelque notoriété dans ces régions ; mais étant absent de la maison et l'un des enfants souffrant d'une angine, nous remontâmes la rivière jusqu'à Strawberry Bank, où nous passâmes la nuit . La femme qui nous recevait avait perdu son mari à la guerre, et devant veiller à l'ordre des choses à l'extérieur en cette saison chargée de récoltes, il n'était pas étonnant qu'elle ait négligé ceux qui étaient à l'intérieur. Je préparai un souper confortable avec de la citrouille cuite et du lait, et comme logement j'avais un lit de paille sur le sol, dans le grenier sombre, qui était presque rempli d'épis de maïs, de citrouilles et de haricots, en plus de beaucoup de vieux objets ménagers. la trompette, la laine, le lin et les peaux d'animaux. Bien que fatigué de mon voyage, il me fallut un peu de temps avant de pouvoir m'endormir ; et cela se passa de telle sorte qu'après que tous les gens de la maison furent couchés, et comme il était encore, à mon avis, vers minuit, je touchai par hasard avec mon pied une citrouille posée près du lit, ce qui la fit rouler. en bas des escaliers, cognant violemment sur chaque marche au fur et à mesure. Là-dessus, j'entendis un grand bruit en bas, la femme et ses trois filles criant que la maison était hantée. Bientôt, elle m'a appelé du pied de l'escalier et m'a demandé si j'avais entendu quelque chose. J'ai tellement ri de tout cela, qu'il m'a fallu quelque temps avant de pouvoir parler ; quand je lui ai dit que j'avais entendu un bruit sourd dans les escaliers. "Est-ce que ça a semblé monter ou descendre ?" demanda-t-elle avec inquiétude ; et quand je lui ai dit que le son descendait, elle a poussé un cri triste, et elles sont toutes venues s'enfuir dans le grenier à blé, les filles rebondissant sur mon lit et se cachant sous la couverture, et la vieille femme priant et gémissant. et disant qu'elle croyait que c'était l'esprit de son pauvre mari. À ce moment-là, mon oncle, qui était allongé sur le banc dans la pièce du dessous, entendit le bruit, se leva et, trébuchant sur la citrouille, appela pour savoir ce qui se passait. Alors la femme lui ordonna de monter les escaliers , car il y avait un fantôme dans la cuisine. "Peuh!" dit mon oncle, c'est tout ? Je pensais être sûr que les Indiens étaient venus. Dès que j'ai pu parler pour rire, j'ai dit à la pauvre créature ce qui l'effrayait tant ; ce à quoi elle était très contrariée ; et, après s'être recouchée, je l'entendis me gronder de jouer des tours aux honnêtes gens.

Nous nous levions tôt le matin, ce qui était clair et agréable. L'oncle trouva bientôt un de ses amis, un M. Weare , qui, avec sa femme, devait se rendre chez lui, à Hampton, ce jour-là, et qui s'engagea gentiment à me voir jusqu'ici en chemin. Vers huit heures , nous montâmes à cheval, la femme sur un passager derrière son mari. Notre chemin fut pendant quelques kilomètres à travers les bois, offrant parfois une vue sur la mer et passant devant quelques bonnes et florissantes plantations. Les bois de ce pays ne ressemblent en rien à ceux de l'Angleterre, où les arbres centenaires sont maintenus exempts de buissons et de broussailles, et où la pelouse en dessous d'eux est tondue propre et rase ; tandis qu'ici, ils sont très enchevêtrés avec des vignes, des branches mortes et des bûches qui sont tombées, à cause de leur grand âge ou que les tempêtes repoussent, ou que les neiges et les glaces de l'hiver brisent. Ici aussi, à travers l'épais tapis de feuilles mortes, poussent en abondance toutes sortes d'arbustes et d'arbustes, les uns très doux et très beaux dans leur floraison, et d'autres très prisés pour leurs vertus curatives. À leur saison, de nombreux fruits sains abondent dans les bois, comme les baies bleues et noires. Nous avons croisé de nombreux arbres, bien chargés de noix et d'oléagineux, semblant tous vivants, pour ainsi dire, avec des écureuils rayés, rouges et gris, le dernier ayant une grande queue étalée, que M. Weare m'a dit qu'ils utilisent comme un naviguez, pour attraper le vent, afin qu'il les souffle sur les rivières et les ruisseaux, sur des morceaux d'écorce, en quelque sorte comme ce merveilleux coquillage qui se transforme en bateau et navigue sur les vagues de la mer. Nous trouvâmes aussi des raisins blancs et pourpres, suspendus en grappes aux arbres sur lesquels couraient des vignes, presque aussi grosses que celles que les Juifs d'autrefois cueillaient à Eschol. L'air était doux et doux, et il y avait un soleil clair, mais pas brûlant, et le chant des écureuils, et le bruit des oiseaux, et le bruit des vagues se brisant sur la plage à peu de distance, et des feuilles, à chaque souffle du vent dans la cime des arbres, tourbillonnant et voletant autour de moi, comme autant d'oiseaux jaunes et écarlates, rendait la promenade merveilleusement agréable et divertissante.

M. Weare , en chemin, m'a dit qu'on parlait beaucoup de l'envoûtement de la maison de Goodman Morse à Newbury, et que le cas de Caleb Powell était toujours devant la Cour, il étant fortement soupçonné du méfait. Je lui ai dit que je pensais que ledit Caleb était un homme vaniteux et bavard, mais en aucun cas un sorcier. Ce qui lui était le plus reproché, dit M. Weare , était celui-ci : il avait nié au début que la maison fût troublée par de mauvais esprits, et il était même allé jusqu'à douter que de telles choses puissent l'être. "Et pourtant, de nombreux hommes plus sages que Caleb Powell nient la même chose", ai-je dit. "C'est vrai", répondit-il; "mais, comme le dit bien le bon M. Richardson, de Newbury, il n'y a jamais eu de pénurie de sadducéens qui ne croient ni aux anges ni aux esprits." J'ai raconté l'histoire des troubles survenus à Strawberry Bank la nuit précédente, et combien une chose aussi stupide qu'une citrouille qui roulait terrifiait grandement toute une maison ; et j'ai dit que je ne doutais pas que les ennuis de Newbury y ressemblaient beaucoup. Sur ce, la bonne femme reprit l'affaire, disant qu'elle était allée à Newbury, qu'elle avait vu de ses propres yeux et entendu de ses propres oreilles ; et qu'elle pouvait en dire comme la reine de Saba le faisait de la gloire de Salomon : « La moitié ne lui avait pas été racontée ». Elle a ensuite continué en me racontant beaucoup de choses merveilleuses et vraiment inexplicables, de sorte que je dois nécessairement penser qu'il y a une main invisible à l'œuvre là-bas.

Nous arrivâmes à Hampton environ une heure avant midi ; et remontant la route vers le lieu de réunion, à ma grande joie, l'oncle Rawson, qui avait des affaires avec les commissaires alors en exercice, vint à ma rencontre, me ordonnant de me rendre à la maison de M. Weare , où il me suivrait quand la Cour a ajourné. Il y vint donc pour souper et loger, amenant avec lui M. Pike l'aîné, l'un des magistrats, un homme grave et vénérable, le père de ma vieille connaissance, Robert. Je suis allé le soir avec Maîtresse Weare et sa jeune sœur voir une jeune fille du quartier, qu'on disait possédée ou ensorcelée ; mais pour ma part, je ne voyais dans son comportement que celui d'une enfant vicieuse et gâtée, se complaisant dans les méfaits. Sa grand-mère, avec qui elle vit, rejette la faute sur une femme mal intentionnée, nommée Susy Martin, vivant à Salisbury. M. Pike, qui habite près de ce Martin, dit qu'elle n'est pas une sorcière, bien qu'elle soit une grondeuse arrogante , comme l'était sa mère avant elle ; et quant à la jeune fille, il dit qu'une branche de bouleau, bien posée, la guérirait plus tôt que la pendaison de toutes les vieilles femmes de la Colonie. Maîtresse Weare dit que ce n'est pas la première fois que le mauvais esprit est à l'œuvre à Hampton ; car ils se souvenaient tous du cas de l'enfant de Goody Marston, qui, d'un enfant aussi beau et prometteur qu'on aurait souhaité le voir, fut transformé en l'image d'un singe, au grand chagrin et à la grande honte de ses parents ; et de plus, lorsque l'enfant mourut, plus d'une personne vit une petite vieille femme en manteau bleu et jupon de la même couleur, suivant les personnes en deuil, et ressemblant beaucoup à la vieille Eunice Cole, qui était puis enfermé dans la prison d'Ipswich, à trente kilomètres de là. Oncle Rawson dit qu'il a tous les papiers en sa possession concernant le procès de ce Cole, et qu'il me les fera voir à notre retour à Newbury. On parlait beaucoup de ce sujet, ce qui troublait tellement mon imagination que je dormais mal. Cet après-midi, nous allons à Newbury, où, en effet, j'ai très hâte d'être de nouveau.

NEWBURY, le 26 octobre.

La cousine Rebecca est partie à Boston et ne devrait rentrer chez elle que la semaine prochaine. La maison semble solitaire sans elle. R. Pike est venu nous voir ce matin et nous a dit qu'il y avait une rumeur à Boston, apportée par la colonie de New York, selon laquelle un grand complot papiste avait été découvert en Angleterre et qu'il avait provoqué beaucoup d'inquiétude à Londres et environ. R. Pike dit qu'il ne doute pas que les papistes complotent, car c'est la coutume de leurs jésuites de le faire ; mais que, néanmoins, il ne serait pas étrange de constater que les évêques et le gouvernement ont fait circuler cette rumeur, pour prétexte et occasion de quelques nouvelles persécutions contre les indépendants et les gens pieux.

27 octobre.

M. Richardson a prêché hier, à partir de Deutéronome XVIII. 10e, 11e et 12e versets. Un discours ingénieux et solide, dans lequel il montrait que, comme parmi les nations païennes entourant les Juifs, il y avait des sorciers, des charmeurs, des magiciens et des consultants avec des esprits familiers, qui étaient en abomination au Seigneur, ainsi à notre époque les nations païennes des Indiens avaient aussi leurs powahs , leurs panis et leurs sorciers diaboliques, contre lesquels l'avertissement du texte pourrait bien être lancé par les gardiens sur les murs de notre Sion. Il dit en outre que les arts de l'Adversaire se manifestaient maintenant en ce lieu d'une manière très étrange et terrible, et qu'il devenait le devoir de toutes les personnes pieuses de prier et de lutter avec le Seigneur, afin que ceux qui ont fait alliance avec l'enfer peut être rapidement découvert dans leur méchanceté et coupé de la congrégation. Un discours horrible, qui fit trembler et trembler beaucoup de personnes, et qui parvint à vaincre Goodwife Morse, étant une femme faible, de sorte qu'il fallut l'emmener hors de la réunion.

Comme il faisait froid et qu'un vent humide d'est me retenait à l'intérieur, j'ai consulté avec mon oncle ses papiers concernant la sorcière de Hampton, Eunice Cole, qui a été jugée deux fois pour ses méfaits ; et j'ai envie d'en copier quelques-uns, car je sais qu'ils seront considérés comme dignes d'être enregistrés par mon cher cousin Oliver et mes autres amis anglais. Je trouve qu'en 1656 déjà, on s'est plaint de cette même Eunice Cole, et de nombreux témoins ont témoigné de sa méchanceté. Voici quelques - uns des témoignages du premier procès : -

"La déposition de Goody Marston et de Goodwife Susanna Palmer, qui, ayant prêté serment, disent que Goodwife Cole dit qu'elle était sûre qu'il y avait une sorcière en ville, et qu'elle savait où il habitait et qui elles sont, et que treize ans Elle savait auparavant que quelqu'un était ensorcelé comme l'était l'enfant de Goodwife Marston, et elle était sûre que cette fête était ensorcelée, car cela le lui disait, et il était passé d'un homme à un singe, comme l'était l'enfant de Goody Marston, et elle avait prié ces treize années. que Dieu découvrirait cette sorcière. Et de plus, le déposant ne le dit pas.

"Prisé sous serment devant les commissaires de Hampton, le 8 du 2e mois, 1656.

"WILLIAM FULLER. "HENRY DOW.

"Vera Copea :
"THOS. BRADBURY, enregistreur.

"Juré devant, le 4 septembre 1656,

"EDOUARD RAWSON.

"Thomas Philbrick témoigne que Goody Cole lui a dit que si l'un de ses veaux mangeait de son herbe, elle espérait que cela l'empoisonnerait; et il s'est avéré que l'un ne revenait plus jamais à la maison et que l'autre rentrait à la maison mourut peu de temps après.

"L' épouse d'Henry Morelton et Goodwife Sleeper déclarent qu'en parlant de Goody Cole et de l'enfant de Marston, ils ont entendu un grand grattage contre les planches de la fenêtre, ce qui n'était pas le fait d'un chat ou d'un chien.

"L'épouse de Thomas Coleman témoigne que Goody Cole a effectivement répété à une autre les mêmes paroles échangées entre elle et son mari, dans leur propre maison, en privé; et Thomas Ormsby, le connétable de Salisbury, témoigne que lorsqu'il a dépouillé Eunice Cole de " Sa chemise, pour être fouettée, par le jugement de la Cour de Salisbury, il a vu une marque de sorcière sous son sein gauche. De plus, un certain Abra . Drake dépose et dit que ce Goody Cole a menacé que la main de Dieu serait contre son bétail, et immédiatement deux de son bétail moururent, et avant la fin de l'été un troisième aussi.

Il y a environ cinq ans, elle a de nouveau été présentée par le Jury pour la juridiction du Massachusetts, pour avoir « conclu une alliance avec le Diable, contraire à la paix de notre Souverain Seigneur le Roi, à sa couronne et à sa dignité, aux lois de Dieu et à ce juridiction"; et de nombreux témoignages furent apportés contre elle, tendant à la montrer comme une sorcière fieffée . Car il semble qu'elle ait fixé son mauvais œil sur une petite servante nommée Ann Smith, pour l'attirer chez elle, lui apparaissant sous la forme d'une petite vieille femme, vêtue d'un manteau bleu, d'un bonnet bleu et d'un tablier bleu, et une cravate blanche, et bientôt se transformant en chien, et courant sur un arbre, puis en aigle volant dans les airs, et enfin en chat gris, lui parlant et la troublant d'une manière douloureuse. De plus, le connétable de la ville de Hampton témoigne que, devant fournir du régime alimentaire à Goody Cole, par ordre de la ville, elle étant pauvre, elle se plaignit beaucoup de lui, et après cela sa femme ne put plus cuire de pain au four, ce qui ne pourrissait pas rapidement et ne devenait pas répugnant à l'odeur, mais le même repas cuit chez un voisin faisait du pain bon et sucré ; et de plus, une nuit, une odeur semblable à celle du pain ensorcelé entra dans leur chambre, mais en plus répugnante et de nature manifestement diabolique, de sorte que, comme le dit la femme du connétable, « elle fut obligée de se lever dans le nuit et demanda à son mari d'aller à la prière pour chasser le diable ; et lui, se levant, alla à la prière, et après cela, l'odeur disparut, de sorte qu'ils n'en furent pas dérangés. Il y a aussi le témoignage de Goodwife Perkins, qu'elle a vu, le jour du Seigneur , pendant que M. Dalton prêchait, un diablotin en forme de souris tomber du sein d'Eunice Cole sur ses genoux. Malgré tout, le tribunal du comté de Salisbury a ordonné qu'elle soit envoyée à la prison de Boston, en attendant son procès devant la Cour des assistants. Ce dernier tribunal, j'apprends de mon oncle, ne l'a pas condamnée, car certaines preuves étaient anciennes et peu fiables. L'oncle dit que c'était une méchante vieille femme, qui avait été souvent fouettée et placée sur le tabouret, mais il ne sait pas avec certitude si elle était une sorcière ou non.

8 novembre.

Hier, à ma grande joie, ma cousine bien-aimée Rebecca est venue de Boston. En sa compagnie se trouvait également le digne ministre et docteur en médecine, M. Russ, anciennement de Wells, mais maintenant installé dans une plantation près de Cocheco . Il doit faire un petit séjour dans cette ville, où à l'heure actuelle beaucoup se plaignent de maladie. Rébecca dit qu'il est l'un des meilleurs de la terre et que, comme son bienheureux Seigneur et Maître, il prend plaisir à aller de lieu en lieu, à faire le bien et à réconforter l'âme et le corps. Il a un visage joyeux et agréable et est très actif, bien qu'il soit bien avancé en âge. Il doit prêcher pour M. Richardson le prochain Sabhath , et en attendant je loge chez mon oncle.

Ce matin, le temps est humide et froid, le sol est gelé et un peu de neige est tombée avant le lever du soleil. Il y a peu de temps, le Dr Russ, qui se promenait dans le jardin, s'est précipité vers la fenêtre où Rebecca et moi étions assises, nous invitant à sortir. Alors, nous nous dépêchons, le brave homme nous dit de regarder où il nous indiquait, et vers ! un troupeau d'oies sauvages, courant dans le ciel, en deux grandes files, envoyant comme du haut des nuages leurs barrissements forts et sonores : « Cronk, cronk , cronk ! Ces oiseaux, dit le Docteur, se dirigent vers le nord en mars pour éclore leurs couvées dans les grandes tourbières et sur les îles désolées, et reviennent à l' approche de la saison froide . Notre digne invité a profité de l'occasion pour parler du soin et de la bonté de Dieu envers sa création, et de la façon dont ces pauvres oiseaux sont capables, par leurs propres instincts, de partager sa générosité et d'éviter les maux des climats défavorables. Il n'a jamais regardé, dit-il, le vol de ces oiseaux, sans rappeler la question qui avait été autrefois posée à Job : « Le faucon vole-t-il par ta sagesse et étend-il ses ailes vers le sud ? à ton commandement, et faire son nid en haut ?"

12 novembre 1678.

Le Dr Russ a prêché hier, ayant pour texte 1 Corinthiens, chap. XIII. verset 5 : « La charité ne cherche pas son propre intérêt. » Il commença par dire que la bienveillance mutuelle était une loi de la nature : personne n'était un tout de lui-même, ni capable de subsister heureux par lui-même, mais plutôt un membre du grand corps de l'humanité, qui devait se dissoudre et périr s'il n'était pas maintenu ensemble. et compacté dans ses diverses parties par la force de cette loi commune et bénie. Le sage auteur de notre être nous a manifestement formés et préparés les uns pour les autres, et a ordonné que la charité mutuelle pourvoie à nos besoins et à nos faiblesses mutuels, dans la mesure où aucun homme ne vit pour lui-même, mais dépend des autres, comme les autres le sont de lui. Des hommes ingénieux ont dit que, dans le monde extérieur, toutes choses s'influencent mutuellement et s'influencent mutuellement ; et que c'est par l'énergie de ce principe que notre terre solide est soutenue, et que les corps célestes sont faits pour conserver les harmonies rythmiques de leur création et pour nous dispenser leurs bienveillantes faveurs ; et on peut dire qu'une loi semblable à celle-ci a été ordonnée pour le monde moral, la bienveillance mutuelle étant le ciment et le soutien des familles, des églises, des États, et de la grande communauté et fraternité de l'humanité. Il crée et préserve à la fois toute la paix, l'harmonie et la beauté qui comparent notre monde dans une certaine mesure au ciel, et sans cela, toutes choses se précipiteraient dans la confusion et la discorde, et la terre deviendrait un lieu d'horreur et de tourment. , et les hommes deviennent comme des loups ravisseurs, se dévorant et étant dévorés les uns par les autres.

La charité est le deuxième grand commandement, duquel dépendent toute la Loi et les Prophètes ; et il est semblable au premier et ne peut en être séparé ; car au grand jour de la récompense, nous serons éprouvés par ces commandements, et notre fidélité jusqu'au premier sera vue et manifestée par notre fidélité jusqu'au dernier. Oui, par notre amour les uns pour les autres, le Seigneur mesurera notre amour pour lui-même. "Dans la mesure où vous l'avez fait à l'un de ces plus petits de mes frères, c'est à moi que vous l'avez fait." La grâce de la bienveillance n'est donc pas une petite partie de notre rencontre pour l'héritage des saints dans la lumière ; c'est le tempérament du ciel ; l'air que respirent les anges ; une grâce immortelle , car lorsque la foi qui nous soutient ici et l'espérance qui est comme une ancre pour l'âme ballottée ne sont plus nécessaires, la charité demeure pour toujours, car elle est originaire du ciel et participe de la nature divine, car Dieu lui-même est amour.

"Oh, mes auditeurs", dit le prédicateur, son vénérable visage s'éclairant comme d'une lumière qui brillait de l'intérieur, "L'Apôtre ne nous dit-il pas que l'habileté dans les langues et les dons de prophétie, et les mystères de la connaissance et de la foi, ne servent à rien. Où manque la charité ? A quoi servent les grands talents, s'ils ne sont pas voués au bien ? Au contraire, là où la charité habite, elle rend le faible fort et le laid beau ; elle répand une gloire sur celui qui le possède, comme celle qui le possède . a brillé sur le visage de Moïse, ou celui qui était assis sur le visage d'Étienne, quand son visage était comme celui d'un ange. Par-dessus tout, cela nous conforme au Fils de Dieu, car par amour il est venu parmi nous, et il alla faire le bien, ornant sa vie de miracles de miséricorde, et enfin la déposa pour le salut des hommes. Quel cœur peut résister à sa tendre supplication : « Même si je vous ai aimés, aimez-vous aussi les uns les autres.

« Nous recherchons tous le bonheur, poursuivit-il, mais trop souvent aveuglément et bêtement. L'homme égoïste, s'efforçant de vivre pour lui-même, s'enferme pour partager sa part unique et s'étonne de ne pouvoir en jouir. Les bonnes choses qu'il s'est réservées ne parviennent pas à le réconforter, et bien qu'il possède des richesses et qu'il ne veuille rien pour son âme de tout ce qu'il désire , il n'a cependant pas le pouvoir d'en profiter . , ou comme des viandes déposées sur une tombe. Mais celui qui a trouvé la charité est le tempérament du bonheur, qui met l'âme dans un état naturel et facile, et l' ouvre aux consolations de ce divertissement pur et sublime que les anges font. répandu pour ceux qui obéissent à la volonté de leur Créateur, a découvert une alchimie plus subtile que toutes celles dont les philosophes ont rêvé, car il transmue les jouissances des autres en les siennes, et son cœur grand et ouvert participe à la satisfaction de tous. Y a-t-il ici quelqu'un qui, au milieu de l'abondance extérieure, a le cœur triste, qui part en deuil à cause d'un inconfort intérieur, qui aspire à la sérénité de l'esprit et au bonheur joyeux, comme le serviteur ardent désire-t- il l'ombre ? Qu'ils recherchent les pauvres et les abandonnés, ceux qui n'ont ni maison ni domaine, qui sont les serviteurs du péché et des mauvaises habitudes, qui manquent de nourriture pour le corps et l'esprit. Ainsi , en se souvenant des autres, ils s'oublieront eux-mêmes ; le plaisir qu'ils accordent à leurs semblables reviendra plus grand et plus complet dans leur propre sein, et ils sauront en vérité combien il est plus béni de donner que de recevoir. Dans l'amour et la compassion, Dieu nous a rendus dépendants les uns des autres, afin que, par l'utilisation de nos affections, nous puissions trouver le vrai bonheur et le repos de notre âme.

Il nous a unis si étroitement avec nos semblables, qu'ils font, pour ainsi dire, une partie de notre être, et en les réconfortant, nous nous réconfortons assurément. C'est là que le bonheur nous vient à l'insu et sans le chercher, comme le serviteur qui va faire les courses de son maître trouve des fruits agréables et des fleurs douces sur lui, et des fontaines fraîches, dont il ne connaissait pas l'existence, jaillissant au bord du chemin, pour son réconfort et rafraîchissant."

Le ministre parla ensuite du devoir de charité même envers les pécheurs et les rebelles, et de les gagner par l'amour et la bonne volonté, et de faire de leur correction et de leur châtiment un moyen de les éveiller à la repentance et d'appeler aux fruits dignes de ce nom. il. Il parlait aussi de soi-disant prophètes et de gens enthousiastes, qui allaient crier contre l'Église et l'État et enseigner de nouvelles doctrines, disant que souvent celles-ci étaient envoyées comme un jugement contre les professeurs de la vérité, qui avaient la forme de la piété seulement, tout en en manquant la puissance ; et qu'il croyait que le zèle qui s'était manifesté contre ceux-là n'avait pas toujours été assez assaisonné de charité. Il a fait valoir un manque de foi dans la vérité, pour entrer dans la panique et dans une grande colère lorsqu'il a été remis en question ; et entreprendre de devenir les vengeurs de Dieu, et de torturer et de brûler les hérétiques, était une erreur des papistes, qui convenait mal à ceux qui étaient sortis du milieu d'eux. De plus, il croyait que beaucoup de ces gens, qui avaient tant troublé la Colonie ces derniers temps, étaient au fond des hommes et des femmes simples et honnêtes, dont la tête pouvait certes être malade, mais qui, au fond, cherchaient à faire la volonté de Dieu ; et, en vérité, tous pouvaient témoigner de la sobriété et de la rigueur de leur vie, et de la justice de leurs relations dans les choses extérieures. Il parla aussi un peu des Indiens, qui, dit-il, étaient nos frères, et dont nous aurions un compte à rendre au Grand Jour. La main de ces païens avait été lourde sur les colonies, et beaucoup avaient souffert de leurs massacres cruels et de la captivité d'eux-mêmes et de leurs familles. Ici, le vieux ministre pleurait, car il pensait sans doute à son fils, tué à la guerre ; et pendant un moment , les mots semblèrent mourir dans sa gorge, tant il était ému. Mais il a poursuivi en disant que depuis que Dieu, dans sa grande et imméritée miséricorde, avait mis fin à la guerre, toute méchanceté et toute dureté présentes envers les pauvres païens ignorants étaient une offense aux yeux de Celui qui ne respecte pas les personnes. des hommes, mais qui regarde d'un œil égal les hommes blancs et les hommes rouges, tous deux étant l'ouvrage de ses mains. C'est notre bienheureux privilège de travailler à les amener à la connaissance du vrai Dieu, que, comme les Athéniens, certains d'entre eux adorent par ignorance ; tandis que la plupart, comme on l'a dit autrefois des païens, ne connaissent pas, d'après les bons pings qu'on voit, Celui qui est ; ni en considérant les œuvres, ils ne reconnaissent le maître d'œuvre , mais considèrent le feu ou le vent, ou l'air rapide, ou le cercle des étoiles, ou l'eau violente, ou les lumières du ciel, comme les dieux qui gouvernent le monde.

Il a mis en garde contre les fauteurs de troubles et les fauteurs de conflits, ainsi que contre ceux qui désirent une occasion contre leurs frères. Il a dit qu'il semblait effectivement que beaucoup pensaient expier leurs propres péchés par leur grande chaleur et leur zèle à découvrir la méchanceté chez les autres ; et qu'il craignait que tel ne soit le cas maintenant, alors qu'on parlait beaucoup des actions extérieures et visibles de Satan en ce lieu ; alors que l'ennemi le plus redoutable était celui qui travaillait en secret dans le cœur ; c'était peu pour lui d'envoûter une demeure de bois et de pierre, lui qui possédait et enchantait si facilement les précieuses âmes des hommes.

Enfin, il a exhorté tous à veiller sur leur propre esprit et à se rappeler que la mesure qu'ils accordent aux autres leur sera à nouveau mesurée ; mettre de côté toute colère, toute méchanceté et toute médisance ; porter les fardeaux les uns des autres, et ainsi rendre cette Église dans le désert belle et avenante, un exemple pour le monde de cette paix et de cette bonne volonté envers les hommes, que les anges chantaient à la naissance du bienheureux Rédempteur.

J'ai été d'autant plus prudent de donner la substance du sermon de M. Russ, aussi fidèlement que je puisse m'en souvenir, dans la mesure où il a offensé certains de ceux qui l'ont écouté. Le diacre Dole dit que c'était un discours tel qu'un socinien ou un papiste aurait pu le prêcher, à cause de la grande importance qu'il mettait sur les œuvres ; et Goodwife Matson, une femme bruyante et bavarde , — une femme sans doute semblable à ces gens occupés que saint Paul réprimandait pour leur audace et ordonnait de garder le silence dans l'église — dit que le prédicateur a fait tout son possible pour favoriser Quakers, Indiens et sorcières ; et que le Diable dans la maison de Goody Morse était sans aucun doute très satisfait de ce discours. R. Pike dit qu'il ne s'étonne pas de ses plaintes ; car lorsqu'elle habitait autrefois au port de pêche de Marblehead, elle était une des femmes indisciplinées qui s'introduisirent par effraction dans la maison de garnison de Thompson et mirent à mort barbarement deux Indiens Saugus, qui s'étaient rendus pour être mis en sécurité et qui n'avaient jamais n'a fait de mal à personne, ce qui était un grand chagrin et un grand scandale pour toutes les personnes bien intentionnées. Et pourtant, cette femme, qui n'hésitait pas à dire qu'elle attacherait aussi bien un Indien qu'un porc, et qui marchait de Marblehead à Boston pour voir la femme quaker pendue, et se moquait grossièrement de son cadavre, fut autorisée à le faire. pour réussir dans l'église, M. Richardson craignant manifestement sa mauvaise langue et son mauvais caractère.

13 novembre.

La servante quaker, Margaret Brewster, est venue ce matin, s'enquérant du docteur et lui demandant de rendre visite à un malade chez son père, un peu en amont de la rivière ; sur quoi il prit son bâton et partit avec elle. À son retour, il dit qu'il devait rendre justice aux Quakers en disant que, malgré toutes leurs hérésies et leurs erreurs de doctrine pestilentielles, ils étaient un peuple bon ; car voici Goodman Brewster, dont les petits biens lui avaient été presque confisqués à cause d'amendes, et dont la femme était une femme faible et malade, qui à cette époque hébergeait et soignait gentiment un pauvre soldat en panne, peu susceptible de le faire. remboursez-le, de quelque manière que ce soit. Quant au malade, il avait été durement traité quant à son salaire pendant la guerre, et condamné en outre à une amende pour avoir profané le saint Sabhath ; et bien qu'il ait envoyé une pétition à l'honorable gouverneur et au conseil pour obtenir la remise de celle-ci, cela n'a servi à rien. M. Russ a déclaré qu'il avait pris une copie de cette pétition, avec la réponse à celle-ci, dans l'intention de présenter lui-même une autre demande aux autorités ; car, même si le pétitionnaire aurait pu être blâmable, sa nécessité l'excusait largement. Il m'a donné les papiers à copier qui sont les suivants :

"A l'honorable gouverneur et conseil, siégeant actuellement à Boston, le 30 juillet 1676. La pétition de Jonathan Atherton montre humblement :

" Que votre pétitionnaire, étant un soldat sous les ordres du capitaine Henchman, pendant leur séjour à Concord, le capitaine H., sous prétexte de profanation du Sabhath par votre pétitionnaire , avait condamné votre pétitionnaire à perdre une quinzaine de solde. Maintenant, ce qui était reproché à votre pétitionnaire, votre pétitionnaire était qu'il avait coupé un morceau d'un vieux chapeau pour le mettre dans ses chaussures et qu'il avait vidé trois ou quatre cartouches. Or, il y avait une grande occasion et une grande nécessité pour lui de le faire, car ses chaussures étaient devenues si grandes, à force de marcher et de marcher. chevauchant dans l'humidité et la rosée, ils lui écorchaient les pieds, de sorte qu'il ne pouvait pas marcher sans douleur, et ses cartouches, étant dans un sac, étaient portées avec un voyage continuel, de sorte qu'ils perdaient la poudre, de sorte qu'elle était dangereux de les transporter ; de plus, il ne savait pas dans combien de temps il serait forcé de s'en servir, c'est pourquoi il a estimé qu'il était licite de faire de même ; pourtant, si cela est considéré comme une violation du Sabhath , il désire être humilié devant le Seigneur et demande pardon à son peuple pour toute offense qui leur a été ainsi faite. Et demande humblement la faveur de Vos Honneurs pour considérer les lieux, et remettre l'amende qui lui a été imposée, et donner ordre au comité de guerre pour le paiement de son salaire. Ainsi devra-t-il prier pour toujours . . . . "

11 août 1676. — Le Conseil ne voit aucune raison d'accorder un quelconque redressement au pétitionnaire.

NEWBURY, 18 novembre 1678.

Je suis allé hier à la maison hantée avec M. Russ et M. Richardson, Rebecca et tante Rawson en compagnie. J'ai trouvé le vieux couple en grande difficulté, assis près du feu, avec la Bible ouverte devant eux, et Goody Morse en pleurs. M. Richardson a demandé à Goodman Morse de raconter ce qu'il avait vu et entendu dans la maison ; ce qu'il fit, à cet effet : qu'il y avait eu de grands et étranges bruits partout dans la maison, des claquements de portes, des coups sur les planches, et divers autres bruits inexplicables ; qu'il avait vu sa boîte à outils se retourner d'elle-même, et les outils voler dans la pièce ; les paniers tombant dans la cheminée et les marmites suspendues au-dessus du feu se frappant les unes contre les autres ; et puis les fers à repasser sur le foyer sautaient dans les marmites et dansaient sur la table. La bonne épouse Morse a dit que son plateau à pain se renverserait tout seul et que la grande roue de laine parviendrait à se retourner et à se tenir sur son extrémité ; et que lorsqu'elle et le garçon faisaient les lits, les couvertures s'envolaient aussi vite qu'ils les mettaient, ce que le garçon confirma. M. Russ lui a demandé si elle soupçonnait quelqu'un du méfait ; sur quoi elle dit qu'elle croyait que cela avait été fait par le matelot Powell, un homme rusé, qui avait l'habitude de se vanter de ses connaissances en astrologie et en astronomie, ayant été amené sous la direction d'un certain Norwood, qui aurait étudié l'art noir. Il avait méchamment accusé son petit-fils du méfait, alors que le pauvre garçon avait lui-même beaucoup souffert du mauvais esprit, ayant été souvent frappé avec des pierres et des morceaux de planches qu'on jetait sur lui, et tenu éveillé la nuit par les bruits diaboliques. . Goodman Morse a déclaré ici que Powell, entrant et feignant de plaindre leur lamentable cas, leur avait dit que s'ils lui permettaient de garder le garçon pendant un jour ou deux, ils n'auraient pas de problèmes pendant qu'il serait avec lui ; et que le garçon l'accompagnait, ils n'ont eu aucune perturbation pendant ce temps-là ; ce qui montrait clairement que ce Powell avait les mauvais esprits sous sa garde et qu'il pouvait les enchaîner ou les laisser sortir, à sa guise.

Or, pendant qu'elle parlait, nous avons tous entendu un grand bruit au plafond, et bientôt un morceau de planche a volé à travers la pièce contre la chaise sur laquelle M. Richardson était assis ; alors les deux vieillards poussèrent un gémissement lugubre, et le garçon cria : « C'est la sorcière ! Goodman Morse supplia M. Richardson de se mettre à prier, ce qu'il fit bientôt ; et, quand il eut fini, il demanda à M. Russ de le suivre, qui resta silencieux et réfléchit un moment, puis pria pour que l'auteur du désordre, qu'il soit diabolique ou humain, puisse être découvert et mis en lumière. Après quoi, il n'y a eu aucun bruit pendant notre séjour. M. Russ a parlé un moment avec le garçon, qui a nié catégoriquement ce que Caleb Powell lui reprochait, et a montré une ecchymose qu'il avait reçue d'un bâton lancé sur lui dans l'étable. Lorsque nous sommes partis, M. Richardson a demandé à M. Russ ce qu'il en pensait. M. Russ dit que l'affaire avait en effet un aspect étrange, mais qu'elle pourrait néanmoins être l'œuvre du garçon, qui était un jeune coquin rusé et capable au-delà de son âge. M. Richardson a déclaré qu'il espérait que son frère n'était pas sur le point d'accepter les moqueurs et les sadducéens, qui avaient toujours tenté de semer le doute sur la question. Pour lui, il considérait cela comme l'œuvre de démons invisibles et comme une terrible preuve de l'existence de tels démons et de la condition déplorable de tous ceux qui tombaient dans leurs bandes ; de plus, il croyait que Dieu surmonterait définitivement cette méchanceté du Diable et en ferait un moyen d'éveiller les pécheurs et les membres tièdes de l'Église au sentiment de leur danger.

Hier soir, frère Leonard, qui étudie avec le savant M. Ward, ministre à Haverbill , est descendu, en compagnie du vénérable major Saltonstall , qui a des affaires avec l'écuyer Dummer et d'autres magistrats de cet endroit. La dame de M. Saltonstall , qui est la fille de M. Ward, a envoyé par son mari et mon frère une invitation très aimable et pressante à Rebecca et à moi pour lui rendre visite ; et M. Saltonstall a également insisté fortement sur cette question. Nous sommes donc convenus de les accompagner après-demain. Maintenant, à vrai dire, je ne suis pas fâché de quitter Newbury à cette heure, car on parle tant de la maison ensorcelée, et des histoires si lugubres racontées sur le pouvoir des démons invisibles, ajoutées à ce que j'ai moi-même entendu et vu. hier, que j'arrive à peine à dormir à cause des ennuis et des inquiétudes que cette affaire provoque . Le Dr Russ, qui est parti ce matin, a déclaré, à son avis, que moins on parlait et faisait de la sorcellerie, mieux c'était pour l'honneur de l'Église et la paix du quartier ; car cela pourrait, après tout, s'avérer n'être rien d'autre qu'une « fable de vieille femme » ; mais si c'était effectivement l'œuvre de Satan, cela ne pourrait, croyait-il, ne faire aucun mal aux personnes sincères et pieuses, qui menaient une vie sobre et priante et s'occupaient à faire le bien. Ceux qui mettent en pratique la Parole tombaient rarement dans le piège des enchantements du Diable. On pourrait le comparer à une bête sauvage, qui n'ose pas se mêler du voyageur qui part aussitôt faire sa commission, mais qui guette ceux qui flânent et s'endorment au bord du chemin. Il craignait, dit-il, que certains de nos jours essayaient de se forger une grande réputation, comme le faisaient les vieux moines, par leur habileté à discerner les sorcelleries et leurs prétendus conflits avec le Diable dans sa forme corporelle ; et ainsi, tandis qu'ils cherchaient à chasser l'ennemi des maisons de leurs voisins, ils le laissaient entrer dans leur propre cœur, sous couvert de tromperie et d'orgueil spirituel. Le repentir et les œuvres se rencontrent car c'était le meilleur exorcisme ; et la saveur d'une bonne vie chasse les mauvais esprits, comme celle du poisson de Tobit, à Ecbatane, chassa le diable de la chambre de l'épouse jusqu'aux extrémités de l'Egypte. " Pour ma part, " continua le digne homme, " je crois que le Seigneur et Maître que je cherche à servir est au-dessus de toutes les puissances de Satan ; c'est pourquoi je n'y prête pas attention, n'ayant peur que de ma propre conscience accusatrice et le mécontentement de Dieu. »

Nous répugnons tous à perdre la compagnie du bon Docteur. Un Israélite en effet ! Ma tante, qui est restée quelque temps avec lui pour bénéficier de ses connaissances en médecine, à cause de la maladie, me dit qu'il est comme un père pour les gens qui l'entourent, les conseillant dans toutes leurs préoccupations temporelles et les apportant. à un règlement opportun et judicieux de tous leurs différends, afin qu'il n'y ait nulle part une société plus prospère et plus aimante. Bien que considéré comme un érudit, il ne perturbe pas ses auditeurs, comme c'est le cas de certains, avec des questions sombres et difficiles et des points de doctrine, mais insiste principalement sur la sainteté de la vie et de la conversation. On raconte qu'un jour, un célèbre écolier et contestataire étranger, venu lui parler de la damnation des enfants, le rencontra avec un berceau sur l'épaule, qu'il portait dans son lit à une jeune mère. quartier, et quand l'homme lui fit part de sa mission, le bon docteur lui dit d'attendre jusqu'à son retour, « car, dit-il, je trouve qu'il est bien plus important de prendre soin des corps des petits enfants qui Dieu dans son amour envoie parmi nous, plutôt que de chercher à percer les mystères de sa volonté concernant leurs âmes. » Il n'a ni salaire ni dîme, sauf l'usage d'une maison et d'une ferme, préférant travailler de ses propres mains plutôt que de charger ses voisins ; Pourtant, leur amour et leur bonne volonté sont tels que, pendant les saisons chargées de la récolte du foin et du maïs, ils se réunissent tous et l'aident dans ses champs, considérant que c'est un privilège spécial de le faire.

19 novembre.

Leonard et M. Richardson, parlant de la question du ministère, étaient en désaccord. M. Richardson dit que mon frère s'est mis en tête de nombreuses idées non scripturaires et qu'il ne sera jamais utile dans l'Église tant qu'il ne les aura pas rejetées. Il dit en outre qu'il écrira à M. Ward au sujet des erreurs du jeune homme. Ses paroles me troublant, j'ai aussitôt discouru à mon frère sur les points de différence entre eux ; mais lui, souriant, me dit que c'était une longue histoire, mais qu'il me raconterait un jour le fond du désaccord, me recommandant de n'avoir aucune crainte pour lui, car ce qui avait déplu à M. Richardson n'était né que d'une sensibilité de conscience.

HAVERHILL, le 22 novembre.

J'ai quitté Newbury avant-hier. La journée est froide mais ensoleillée et pas désagréable. Les affaires de M. Saltonstall l'appelant ainsi, nous avons traversé le ferry pour Salisbury et, après un trajet d'environ une heure, nous sommes arrivés aux chutes de la rivière Powow , où un grand courant d'eau se précipite violemment sur les rochers, dans un espace sombre. vallée boisée, et de là se jette dans le Merrimac, à environ un mile au sud-est. C'était un spectacle sauvage, l'eau gonflée par les pluies de la saison, écumante et se précipitant parmi les rochers et les arbres, qui étaient presque dépouillés de leurs feuilles. En quittant cet endroit, nous nous dirigâmes vers Haverhill. Juste avant d'entrer dans cette ville, nous avons rattrapé un Indien, avec une peau de loup fraîche sur l'épaule. Dès qu'il nous a vu, il a essayé de se cacher dans les buissons ; mais M. Saltonstall , s'approchant de lui, lui demanda s'il s'attendait à ce que les gens de Haverhill lui paient quarante shillings pour avoir tué ce loup d'Amesbury ? « Comment connaissez-vous le loup d'Amesbury ? demanda l'Indien. "Oh," dit M. Saltonstall , "vous ne pouvez plus nous tromper, Simon. Vous devez être honnête et ne plus mentir , sinon nous vous ferons fouetter pour vos tours." L'Indien parut alors assez maussade, mais finalement il supplia M. Saltonstall de ne pas dire où le loup avait été tué, car les gens d'Amesbury refusaient désormais de payer pour tout tué dans leur ville ; et comme il était un pauvre Indien, que sa squaw était très malade et qu'il ne pouvait pas travailler, il avait besoin d'argent. M. Saltonstall lui a dit qu'il enverrait à sa femme de la semoule de maïs et du bacon à son retour à la maison, s'il venait les chercher, ce qu'il a promis de faire.

Après que nous fûmes partis et que nous l'eûmes laissé, M. Saltonstall nous dit que ce Simon était un mauvais Indien, qui, lorsqu'il était ivre, avait tendance à se montrer impertinent et querelleur ; mais que sa femme était un corps tout à fait convenable pour une sauvage, ayant longtemps entretenu elle-même, ainsi que ses enfants et son mari paresseux et contrarié, par de durs travaux dans les champs de maïs et à la pêche.

Haverhill se trouve très agréablement au bord de la rivière ; le terrain est vallonné et accidenté, mais de bonne qualité. M. Saltonstall vit dans une maison majestueuse pour ces régions, non loin de celle de son beau-père, le savant M. Ward. Madame, sa femme, est une jeune femme blonde et agréable, habituée au monde, leur maison étant fréquentée par beaucoup des premiers habitants des environs, ainsi que par des étrangers distingués venus d'autres parties du pays. Nous avions à peine guéri de notre dîner (qui était copieux et savoureux, grandement savouré par notre faim), que deux messieurs s'approchèrent à cheval de la porte ; et à leur arrivée, nous trouvâmes qu'il s'agissait du jeune docteur Clark, de Boston, fils du vieux médecin de Newbury, et du docteur Benjamin Thompson, de Roxbury, qui, à ce que j'entends, n'est pas peu célèbre pour sa poésie ingénieuse et son esprit plein d'esprit. des pièces sur de nombreux sujets. Il était d'ailleurs un admirateur de ma cousine Rébecca ; et en apprenant ses fiançailles avec Sir Thomas, je lui ai écrit un vers des plus désespérés, se comparant à toutes sortes de choses solitaires, de sorte que lorsque Rebecca me l'a montré, je lui ai dit que je craignais que le pauvre jeune gentleman mette un terme. à lui-même, en raison de son grand chagrin et de son inquiétude ; ce à quoi elle rit joyeusement, me recommandant de ne pas avoir peur, car elle connaissait trop bien l'écrivain pour s'en troubler, car il n'aimait personne aussi bien que lui-même, et que sous aucune provocation il n'aurait besoin du conseil de l'Apôtre au geôlier : " Ne te nuire." Tout ce que j'ai trouvé vrai, c'est qu'il est un homme gai, plein d'esprit, plein d'une belle vanité de lui-même, ce qui n'est pas tellement étonnant , car il a été grandement flatté et recherché.

L'excellent M. Ward a passé la soirée avec nous ; un vieil homme agréable et social, très aimé de son peuple. Il nous a beaucoup parlé de la colonisation précoce de la ville et des graves difficultés que beaucoup ont endurées au cours de la première saison, à cause du froid, de la faim et de la maladie. Il pensait cependant que, malgré toute leur aisance et leur prospérité mondaine, la génération actuelle était moins heureuse et moins satisfaite que leurs pères ; car il y avait maintenant un grand effort pour se surpasser en matière de luxe et de vêtements gais ; le jour du Seigneur n'était plus aussi bien observé qu'autrefois ; et la consommation d'alcool et la fréquentation des lieux ordinaires et des lieux publics ont considérablement augmenté. M. Saltonstall a déclaré que la guerre n'avait pas peu démoralisé le peuple et que depuis le retour des soldats, il y avait eu beaucoup de troubles dans l'Église et dans l'État. Le Tribunal général, il y a deux ans, avait adopté des lois sévères contre les maux provocateurs de l'époque : les grossièretés, le non-respect du sabbat, la consommation excessive d'alcool et de réjouissances , la conduite lâche et pécheresse de la part des jeunes et des célibataires, l'orgueil vestimentaire, assister aux réunions des Quakers et négliger la participation au culte divin ; mais ces lois n'avaient jamais été bien appliquées ; et il craignait que trop de magistrats ne soient dans la situation de la justice hollandaise de la province de New York, qui, lorsqu'une femme était amenée devant lui accusée de vol de poulailler, demandait à son frère sur le banc de prononcer une sentence contre elle ; car, dit-il, si je l'envoie au poste de fouet, la fille criera contre moi comme son complice.

Le docteur Clark a déclaré que son ami le docteur Thompson avait écrit un long article sur cet état fâcheux de nos affaires, qu'il espérait voir bientôt imprimé, dans la mesure où il mettait le miroir devant le visage de cette génération et lui faisait honte. comparaison avec celle de la génération passée. M. Ward dit qu'il était heureux d'en entendre parler et espérait que son ingénieux ami avait apporté le manuscrit avec lui ; sur quoi, le jeune gentleman dit qu'il l'avait emporté avec lui, dans l'espoir de bénéficier du jugement et de l'érudition de M. Ward, et qu'avec la permission de la société, il en lirait le prologue. Ce sur quoi nous sommes tous d'accord, il a lu ce qui suit, que je copie de son livre :

"Les temps où la vieille CITROUILLE était un saint,
Quand les hommes s'en sortaient à peine, mais sans se plaindre, Sur les cates les plus viles; le délicat maïs indien était mangé avec des coquilles de palourdes dans des plateaux en bois, Sous des toits de chaume, sans cri de loyer, Et le meilleur sauce à chaque plat, content,—Ces temps d'or (trop chanceux pour les tenir) ont été rapidement péchés par amour de l'or.'T

était alors parmi les buissons, pas dans la rue,Si quelqu'un sur place
rencontrait un inférieur, '
Bonjour , frère ! Veux-tu quelque chose ?
Prends-moi librement ce que j'ai, tu ne l'as pas fait .
Tom et Dick ordinaires passeraient pour courants maintenant, comme
toujours depuis « Votre serviteur, monsieur » et l'arc. Des pourpoints à
jupes profondes, des capes puritaines, qui rendraient maintenant les
hommes comme des singes droits, étaient des vêtements plus agréables,
pensaient nos vieux pères sages, C'était en ce temps-là une grâce honnête
qui tenait jusqu'à ce qu'un pudding chaud devienne froid au cœur, et que les
hommes aient de meilleurs estomacs pour la religion, que maintenant pour
le chapon, le coq de dinde ou le pigeon ; Quand d'honnêtes sœurs se
réunissaient pour prier, pas pour bavarder, sur leur propre état et non sur
celui de leurs voisins, pendant le règne de Plain Dealing, ce digne étalon de
l'ancienne race des planteurs avant le déluge.

"Ces temps étaient bons : les marchands ne se préoccupaient pas
d'autre chose que du jonakin et de la bouillie.
Et même si les hommes s'en sortaient et logeaient très dur, l'innocence
valait mieux qu'une garde. Il a fallu longtemps avant que les araignées et les
vers aient dessiné leurs toiles crasseuses, ou caché avec une pelouse
trompeuse les beautés de la Nouvelle-Angleterre, qui me semblaient encore
illustres dans leur propre simplicité. C'était avant que la Terre Vierge voisine
n'ait brisé
ses chars pires que la fumée infernale; l'usage était compté à côté du péché ;
avant qu'une barge n'ait fait un fret aussi riche que du chocolat, de la
poussière d'or et des morceaux de huit ; il y avait aussi des vins de France et
du Muscovado, sans lesquels la boisson ne ferait guère l'affaire. Des îles
occidentales Avant que les fruits et les friandises pourrissaient les dents des
servantes et gâchaient leurs beaux visages, Ou avant que le hasard ne fasse
que le bruit de la guerre ne s'éloignât de nos dents et de nos cœurs, Puis les
églises se reposèrent : jusqu'à présent, les charbons étaient couverts dans les
âmes les plus controversées. ;Liberté dans le jugement, union dans
l'affection,Cher amour, saine vérité, ils étaient notre grande protection.Alors
furent les temps où nos Conseils siégèrent,Ces pronostics graves de notre
état futur;Si ceux-ci durent plus longtemps, nos espoirs augmentent,
Ces les guerres introduiront une paix plus longue ;
Mais si l'amour de la Nouvelle-Angleterre meurt dans sa jeunesse, la tombe
s'ouvrira ensuite pour la vérité bénie.

"Ce thème est dépassé ; les heures paisibles
où les châteaux n'avaient pas besoin, mais des tonnelles agréables, ce n'est
pas l'encre, mais le sang et les larmes qui servent désormais à dessiner la
figure de l'urne de la Nouvelle-Angleterre. L'heure de la passion de la

Nouvelle-Angleterre est proche, aucun pouvoir. sauf que le Divin peut y résister. A peine son verre de cinquante ans s'est-il écoulé, que ses vieux coursiers prospères font tourner les têtes, remontant à leurs pauvres débuts, pour craindre et se nourrir des fruits des péchés .
De sorte que ce miroir du chrétien Les mensonges du monde ont été en partie brûlés, ses banderoles enroulées. Le chagrin soupire, les joies fuient et les peurs lugubres surprennent, non seulement les esprits ignobles, mais les sages.

"Ainsi les plus belles espérances ont trompé l'œil
des grands attendants gonflés qui se tenaient à côté.
Ainsi le fier navire, après un petit tour, coule dans les bras de l'océan pour trouver son urne : ainsi est né l'héritier de plusieurs milliers de personnes en un instant du mère déchirée ; même ainsi, ta joue d'enfant commence à pâlir, et tes partisans échouent à cause de grandes pertes. Ceci est le prologue de ton malheur futur – l'épilogue qu'aucun mortel ne peut encore connaître.

M. Ward était très satisfait des vers, disant qu'ils feraient honneur à n'importe quel écrivain.

Rebecca trouva heureuses les lignes concernant la longue grâce à la viande, et dit qu'elle pensait à la femme du bon M. Ames, qui se piquait de son talent en matière de ménagère et de cuisine ; et un jour, voyant une belle paire de volailles rôties se refroidir sous la longue grâce de son mari, elle fut obligée de lui donner un coup de coude, en lui disant que s'il ne s'arrêtait pas bientôt, elle craignait qu'ils n'aient peu d'occasions de se remercier pour leur dîner gâché. . M. Ward a déclaré qu'il voyageait un jour en compagnie de M. Phillips de Rowley et de M. Parker de Newbury, et qu'il s'était arrêté toute la nuit dans une maison pauvre près du bord de la mer. plateau en bois, rempli de quelque chose joliment recouvert d'un linge en lin propre. Il s'agissait d'un plat de palourdes bouillies, dans leur coquille ; et comme M. Phillips était remarquable dans ses remerciements pour avoir cité avec justesse des passages de l'Écriture concernant la nourriture qui se trouvait sur la table devant lui, M. Parker et lui-même se demandèrent grandement ce qu'il pouvait dire de ce plat ; mais lui, sans rien dire, remercia que maintenant, comme autrefois, le peuple du Seigneur ait pu profiter de l'abondance des mers et des trésors cachés dans les sables. "C'est pourquoi," dit M. Ward, "nous avons trouvé si difficile de garder un visage grave, que notre bonne hôtesse n'a pas été un peu troublée, pensant que nous nous moquions de son mauvais repas; et nous avons été obligés de lui dire la cause de notre gaieté, qui était en effet inopportune.

Le docteur Clark a parlé du père de M. Ward, le célèbre ministre d'Ipswich, dont le livre « Le simple cordonnier d'Agawam » était très admiré. M. Ward a déclaré que certaines des tournures pleines d'esprit qui s'y trouvaient offensaient beaucoup au moment de sa publication, mais que son père ne pouvait jamais gâcher sa plaisanterie pour le bien de ses amis, bien qu'il n'ait aucune méchanceté envers qui que ce soit et qu'il soit toujours prêt à gâcher sa plaisanterie pour le bien de ses amis. faire du bien, même à ses ennemis. Il a même un jour grandement irrité son vieil et véritable ami, M. Cotton de Boston. "Cela s'est passé de cette manière", a déclaré M. Ward. "Lorsque le grand hérétique et fanatique Gorton et son équipe étaient en prison à Boston, mon père et M. Cotton se sont rendus à la fenêtre de la prison pour les voir ; et après quelques petites discussions avec eux, il a dit à Gorton que s'il avait fait ou dit tout ce à quoi il pouvait renoncer en toute conscience, il ferait bien de se rétracter, et la Cour, il n'en doutait pas, serait miséricordieuse ; ajoutant que ce ne serait pas un dénigrement de sa part de le faire, car le meilleur des les hommes étaient susceptibles de se tromper : comme, par exemple, son frère Cotton prêchait généralement ici cette année dont il se repentait publiquement devant sa congrégation l'année suivante.

M. Saltonstall a raconté une autre histoire du vieux M. Ward, qui nous a tous réjouis. Il y avait un Antinomien réputé, de Boston, qui parcourait beaucoup le pays en se disputant avec tous ceux qui voulaient l'écouter, qui, venant à Ipswich une nuit, accompagné d'un autre de son espèce, aurait volontiers séjourné avec M. Ward. ; mais il leur dit qu'il avait peu de foin et de grain dans sa grange pour l'usage de son propre bétail, et qu'ils feraient bien d'emmener leurs chevaux à l'ordinaire, où ils seraient mieux soignés. Mais l'homme, ne voulant pas se décourager à ce point, lui demanda de réfléchir à ce que disait l'Écriture concernant la garde des étrangers, car certains avaient ainsi diverti des anges à leur insu. "C'est vrai, mon ami", dit M. Ward, "mais nous ne lisons pas que les anges sont venus à cheval !"

La soirée s'est déroulée d'une manière très agréable et agréable. Nous avions des noix, des pommes et des poires rares, cultivées par M. Saltonstall , merveilleusement sucrées et succulentes. Nos jeunes messieurs semblaient d'ailleurs penser que le vin et la bière étaient de bonne qualité ; car, longtemps après que nous fussions couchés, nous pouvions les entendre parler et rire dans la grande salle en contrebas, bien que M. Ward, lorsqu'il prit congé, demanda au docteur Thompson de prêter attention à sa propre allusion concernant :

"Des vins de France et du Muscovado aussi ;"

ce à quoi le jeune homme d'esprit répondit que l'Écriture l'autorisait à boire, dans la mesure où le commandement était de donner du vin à ceux qui ont le cœur lourd. Qu'il boive, qu'il oublie sa pauvreté et qu'il ne se souvienne plus de sa misère ; et, pour sa part, il n'était guère plus que misérable depuis qu'il avait entendu parler des fiançailles de Rebecca. Un homme léger,

insouciant, mais de bons côtés, et un bavard aussi courageux que j'en ai
entendu depuis que je suis dans la colonie.

24 novembre.

Dinah, la fille noire de M. Ward, est venue me chercher hier, me disant que
son maître désirait me voir. Alors, très étonné de ce qu'il voulait, je
l'accompagnai et on me fit entrer dans le bureau. M. Ward a dit qu'il m'avait
envoyé chercher pour avoir un discours au sujet de mon frère Leonard, dont
il craignait grandement qu'il ne fasse naufrage de la foi ; et que M. Richardson
lui avait écrit au sujet du jeune homme, lui disant qu'il avait rendu visite aux
Quakers à Newbury et qu'il s'était même rendu à leur couvent à Hampton, le
jour du Seigneur , en compagnie de la famille Brewster, ont noté les Quakers.
et les râleurs . Le dernier soir, il a eu quelques mots avec le garçon, mais avec
une petite satisfaction. Etant très troublé par ce récit, je l'ai supplié de faire
venir Leonard, ce qu'il a fait, et, lorsqu'il est entré dans la pièce, M. Ward lui
a dit qu'il pourrait peut-être voir le sort de sa sœur (car j'étais en larmes).)
quel grand chagrin il risquait d'apporter à sa famille et à ses amis, en se jetant
dans les hérésies. Leonard dit qu'il était désolé de causer des ennuis à qui que
ce soit, encore moins à sa sœur bien-aimée ; qu'il s'est effectivement rendu
une fois à la réunion des Quakers pour juger par lui-même de ce peuple,
contre lequel on parle partout ; et qu'il doit dire qu'il n'a rien entendu ou vu
dans leur culte contraire à l'Évangile. En effet, peu de choses ont été dites,
mais les mots étaient savoureux et scripturaires. "Mais ils nient les Écritures",
s'écria M. Ward, "et placent au-dessus d'eux ce qu'ils appellent la Lumière,
que je considère comme n'étant rien de mieux que leur propre imagination."
«Je ne les comprends pas ainsi», dit Léonard; "Je pense qu'ils étudient
assidûment les Écritures et cherchent à conformer leur vie à ses
enseignements ; et pour la Lumière dont ils parlent, cela est témoigné non
seulement dans la Bible, mais aussi par les premiers pères et les hommes
pieux de Je ne vais pas excuser les Quakers dans tout ce qu'ils ont fait, ni
défendre toutes leurs doctrines et pratiques, dont beaucoup ne me paraissent
pas justifiées dans l'Écriture, mais que je crois pernicieuses et contraires au
bon ordre ; pourtant Je dois les considérer comme un peuple sobre et sérieux,
qui se croit en vérité persécuté pour l'amour de la justice. » Sur ce, M. Ward
frappa violemment le sol avec sa canne et, regardant sévèrement mon frère,
lui dit de se méfier de la façon dont il justifiait ces faux prétendants. « Ce
sont, dit-il, soit de tristes coquins, soit de stupides enthousiastes ; ils
prétendent avoir la révélation divine et s'érigent en prophètes ; comme les
rosicruciens et les gnostiques, ils professent une connaissance des choses au-
delà de ce que révèle la simple Écriture. Le mieux qu'on puisse dire d'eux,
c'est qu'ils sont trompés par leurs propres fantaisies et victimes de troubles
cérébraux et de mauvaises habitudes corporelles. Puis leurs divagations
contre l'ordre évangélique de l'Église et contre les ministres du Christ, nous

appelant toutes sortes de mercenaires, de loups et d'hypocrites, crachant leurs blasphèmes contre les ordonnances et les lois saines du pays pour soutenir un ministère et une foi sains, justifient pleinement le traitement sévère qu'ils ont subi ; de sorte que, s'ils n'ont pas tous perdu leurs oreilles, ils remercient peut-être notre clémence plutôt que leur mérite de les porter. Je ne les juge pas par ignorance, car j'ai puisé dans leurs livres, où, ce qui n'est pas carrément blasphème et hérésie, est mystique et cabalistique. Ils affectent un style trouble et incliné, comme pour se garder d'être réfutés en s'empêchant d'être compris. Leur divinité est une énigme, une œuvre d'art noir ; ils transforment l'Écriture en allégories et en vanités paraboliques, obscurcissant et débauchant ainsi la vérité. Discutez avec eux, et ils tombent dans la divination ; raisonnez avec eux, et ils prophétisent aussitôt. Puis leurs soi-disant réunions silencieuses, au cours desquelles ils prétendent se justifier en citant l'Apocalypse : « Il y eut silence dans le ciel » ; alors qu'ils pourraient trouver d'autres autorités, comme par exemple dans le Psaume 115, où l'enfer est exprimé par le silence, et dans l'Évangile, où l'on parle d'un diable muet. Quant à persécuter ces gens, nous avons été bien trop charitables envers eux, surtout ces derniers temps, et ils s'enhardissent en conséquence ; comme, par exemple, le comportement de cette jeune fille sans vergogne de Newbury, qui a récemment dérangé l'église de frère Richardson avec ses pitreries. Elle aurait dû être attachée à la queue de charrette et fouettée jusqu'au Rhode Island. »

"Parlez-vous de Margaret Brewster ?" » demanda Léonard, le visage tout cramoisi et la lèvre tremblante. "Laissez-moi vous dire, M. Ward, que vous avez grandement fait du tort à l'un des petits du Christ." Et il m'a appelé pour témoigner de sa bonté et de sa charité, et de l'irréprochabilité de sa vie.

« Ne me parlez pas de la vie irréprochable d' un tel homme », dit M. Ward d'un ton à haute voix et en colère ; "C'est le vernis du diable pour l'hérésie. Les Manichéens , les Pélagiens et les Sociniens professaient tous une grande rigueur et une grande sainteté de vie; et il n'y a jamais eu encore d'hérétiques, de la part de ceux dont l'Apôtre fait mention, qui jeûnaient des viandes, en prêtant attention aux esprits séducteurs et aux doctrines des démons, jusqu'aux Quakers, Dippers et New Lights de cette génération qui n'ont pas, comme leurs pères d'autrefois, revêtu la forme d'Anges de Lumière et vécu des vies sévères et trop strictes. ... J'accorde que les Quakers sont honnêtes dans leurs relations, faisant grande démonstration de sobriété et d'abnégation, et abhorrent la pratique de vices scandaleux, étant tempérés, chastes et sérieux dans leur comportement, et ainsi ils gagnent des âmes instables, et rendez plausibles leurs damnables hérésies. Je vous préviens, jeune homme, d'en prendre garde, de peur que vous ne soyez pris au piège et entraîné dans leur chemin.

Mon frère était sur le point de répondre, mais voyant M. Ward si ému et si contrarié, je le suppliai de n'en pas dire davantage ; et, la compagnie étant arrivée, l'affaire fut abandonnée, à ma grande joie. Je suis rentré très troublé et inquiet à cause de mon frère.

28 novembre 1678.

Leonard a quitté M. Ward et a renoncé à l'idée de se qualifier pour le ministère. Ce sera un coup dur pour ses amis en Angleterre. Il me raconte que M. Ward lui a parlé avec colère après mon départ, mais que, lorsqu'il est venu se séparer de lui, le vieil homme a pleuré sur lui et a prié pour que le Seigneur lui permette de voir son erreur et de le préserver de les conséquences qui en découlent. J'ai discuté avec mon frère de son futur cours de vie, et il me dit qu'il partira dans un jour ou deux pour visiter le Rhode Island, où il a une connaissance, un certain M. Easton, anciennement de Newbury. Son dessein est d'y acheter une petite plantation et de se lancer dans l'exploitation agricole, dont il a quelques connaissances, croyant qu'il peut être aussi heureux et faire autant de bien à ses semblables dans cet emploi que dans tout autre.

Ici, la cousine Rébecca, qui était là, levant les yeux avec cette douce méchanceté qui lui va si bien, lui demanda s'il songeait à vivre seul dans sa plantation comme un ermite, ou s'il n'avait pas les yeux rivés sur une certaine foire. jeune femme aux cheveux, comme apte à lui tenir compagnie. Là où il parut un peu troublé ; mais elle lui ordonna de ne pas la considérer contre son projet, car elle savait depuis quelques semaines qu'il favorisait la jeune femme Brewster, qui, mettant de côté ses notions enthousiastes de religion, était digne de l'amour de tous les hommes ; et se tournant vers moi, elle me pria de considérer la chose comme elle, et de ne pas m'opposer au choix de mon frère, qu'elle pouvait approuver de tout son cœur, sauf celui dont elle avait parlé. Leonard nous accompagne demain à Newbury, j'aurai donc l'occasion de savoir où en sont ses affaires. L'idée de son mariage avec une Quaker m'aurait été extrêmement pénible il y a quelques mois ; mais cette Margaret Brewster m'a grandement conquis par sa beauté, sa douceur et sa bonté de cœur ; et d'ailleurs je sais qu'elle est très estimée des meilleures personnes de son quartier.

Le docteur Thompson est parti ce matin, mais son ami le docteur Clark nous accompagne à Newbury. Rébecca trouva dans son panier à ouvrage, après son départ, quelques vers qui ne nous amusèrent pas peu, et que je copie ici

.

" Fini le printemps, avec toutes ses fleurs,
et fini le faste et le spectacle de l'été et l'automne dans ses berceaux sans feuilles attend la neige de l'hiver.

"J'ai dit à la Terre, si froide et grise :
'Tu es un emblème de moi-même' : 'Ce n'est pas le cas', semblait dire la
terre, 'Car le printemps réchauffera mon cœur gelé.

"'J'apaise mon sommeil hivernal avec des rêves
De soleil plus chaud et de pluie plus douce, Et j'attends d'entendre à
nouveau le bruit des ruisseaux Et les chants des oiseaux joyeux.

"'Mais toi, de qui le printemps est parti,
pour qui les fleurs ne soufflent plus, qui te tiens , flétri et désespéré,
comme l'automne attendant la neige.

"'Aucun espoir d'heures plus ensoleillées ne t'appartient,
ton hiver ne s'en ira plus ;
aucun printemps ne ravivera tes fleurs gaspillées, ni l'été ne réchauffera ton
cœur gelé.'"

Le docteur Clark, en entendant cette lecture, dit à Rebecca qu'elle n'avait pas
besoin de prendre à cœur sa mélancolie, car il pouvait lui assurer qu'il n'y
avait aucun danger que son ami joue pour elle le triste rôle de l'amant dans la
vieille chanson de Barbara Allen. En tant que médecin, il pouvait garantir en
toute sécurité qu'il avait le cœur entier ; et la compagnie pouvait lui témoigner
que le poète lui-même ne ressemblait guère au désespéré représenté dans ses
vers.

L'Indien Simon appelant ce matin, Rebecca et moi sommes allés le voir dans
la cuisine. Il a l'air féroce et cruel, mais il a remercié Madain Saltonstall pour
lui faire des cadeaux de nourriture et de vêtements, et, lui donnant en échange
un petit panier fait d'étoffes curieusement tachées, il lui dit que s'il y en avait
d'autres comme elle, son cœur ne serait pas si amer.

J'ai osé lui demander pourquoi il ressentait cela ; sur quoi il se redressa et,
balayant autour de lui avec ses bras, dit : « C'est toute une terre indienne. Le
Grand Esprit l'a fait pour les Indiens. Il a fait pour eux le grand fleuve et les
bouleaux pour faire leurs canots. les poissons dans les étangs, et tous les
pigeons, les cerfs et les écureuils qu'il a fait pour les Indiens. Il a fait des terres
pour les hommes blancs aussi ; mais ils l'ont laissé et ont pris la terre des
Indiens, parce qu'elle était meilleure. Mon père était un chef ; il avait
beaucoup de viande et de maïs dans son wigwam. Mais Simon est un chien.
Quand ils combattent les Indiens de l'Est, j'essaie de vivre en paix; mais ils
disent, Simon, espèce de voyou, tu ne vas pas dans les bois pour chasser; tu
restes à la maison. Alors quand les squaws veulent mourir de faim, je tue un
de leurs porcs, et ensuite elles me fouettent. Regarde !" Et il ôta la couverture
de son épaule et montra dessus les marques du fouet.

"Eh bien, eh bien, Simon," dit M. Saltonstall , "vous savez que nos gens
étaient alors très effrayés par ce que les Indiens avaient fait dans d'autres

endroits, et ils craignaient que vous ne les rejoigniez. Mais tout est fini maintenant, et vous avez tous les bois pour vous seul, et si vous pouviez laisser de côté les boissons fortes, vous feriez bien.

"Qui fait des boissons fortes ?" demanda l'Indien avec un regard laid. « Qui prend les peaux de castor et le maïs des Indiens en échange ? Dites-moi cela, capitaine.

cela , il mit son sac sur son dos, et appelant un pauvre chien maigre qui fourrait son nez affamé dans les marmites et les bouilloires de Madame, il s'en alla parler tout seul.

NEWBURY, le 6 décembre.

Nous sommes rentrés de Haverhill hier soir, le docteur Clark nous accompagnait, il avait des affaires à Newbury. Lorsque nous sommes arrivés à la porte, Effie nous a accueillis avec un regard timide et a dit à sa maîtresse que Mme Prudence (la cousine célibataire de l'oncle) avait trouvé un vieux prétendant bagarreur dans la pièce est ; et nous avons sûrement trouvé notre ancienne parente et diacre Dole, veuf depuis trois ans, assise à la table du souper. Nous avons noté que le diacre portait un manteau neuf et rigide ; et quant à tante Prudence (car c'était ainsi qu'on l'appelait dans la famille), elle était vêtue de sa plus belle tenue, avec un beau bonnet sur la tête. Ils semblaient tous les deux un peu dérangés par notre venue, mais les assiettes étant posées pour nous, nous nous assîmes avec eux. Après le souper, Rébecca fit allumer un feu dans la chambre de son oncle, où nous nous rendîmes ; et étant très joyeux à la pensée de la visite du diacre Dole, il nous vint par hasard à l'esprit idiot qu'il ne ferait pas de mal d'arrêter l'horloge dans l'entrée un moment et de laisser les deux vieux gens en faire une longue soirée. Au bout d'un moment , Rebecca fit une course dans la pièce est, pour voir comment les choses se passaient, et en revenant, elle dit que les deux étaient assis sur le même banc près du feu, fumant une pipe ensemble. D'ailleurs, notre sotte astuce a bien fonctionné, car tante Prudence entrant enfin dans l'entrée pour regarder l'horloge, nous l'entendîmes dire au diacre qu'il n'était que huit heures un peu, alors qu'en réalité il était près de dix heures. Peu de temps après, on frappa bruyamment à la porte, et comme Effie s'était couchée, Rebecca l'ouvrit, quand, qui vit-elle sinon la veuve Hepsy Barnet, la gouvernante du diacre Dole, et avec elle le fils du diacre, Moïse, et le ministre, M. Richardson, avec une lanterne à la main ! "Cher moi," dit la femme, l'air très triste, "avez-vous vu quelque chose du diacre ?" À ce moment- là, nous étions tous à la porte, le diacre et tante Prudence parmi les autres, lorsque Moïse, en grand voyou comme lui, ôta son bonnet de laine et le jeta en l'air en criant : « Voilà, mon Dieu. Barnet, je ne te l' ai pas dit ! Voilà mon père maintenant ! Et la veuve, levant les deux mains, dit qu'elle n'avait jamais vu de sa vie un homme de l'âge et de la condition du diacre s'enfuir sans que les gens sachent où le chercher ; puis se tournant vers la pauvre Mme Prudence, elle dit qu'elle savait depuis longtemps que certaines personnes étaient sournoises et astucieuses, et qu'elle était heureuse que M. Richardson soit là pour voir par lui-même. Sur quoi tante Prudence, très étonnée, dit qu'il était huit heures à peine, comme on pouvait le voir à l'horloge ; mais M. Richardson, qui pouvait à peine garder un visage grave, sortit sa montre, dit qu'il était dix heures passées et lui fit remarquer que l'horloge était arrêtée. Il dit au diacre Dole que, voyant Goody Barnet si inquiet à son sujet, il lui avait proposé de l'accompagner un peu plus loin, et qu'il était heureux de constater que la faute était dans l'horloge. Le diacre, qui s'était tenu comme quelqu'un dans un labyrinthe, remit ici son chapeau, saisit sa canne et s'en alla, l'air aussi coupable que s'il avait été surpris en train de cambrioler, la veuve le grondant tout le long du chemin. Maintenant, comme nous pouvions à peine nous retenir de rire, M. Richardson, qui s'arrêta un moment, secoua la tête en direction de Rebecca, lui disant qu'il craignait, à cause de son apparence, qu'elle soit une vilaine fille, prenant plaisir aux ennuis des autres. Nous nous sentions tous les deux assez honteux et désolés de nos méfaits, une fois tout terminé ; et la pauvre Maîtresse Prudence est si cruellement mortifiée qu'elle a dit ce matin à Rebecca de ne plus lui mentionner le nom du diacre Dole, et que la veuve Hepsy est la bienvenue chez lui, car il est si mesquin qu'il se laisse gouverner comme elle le fait. .

8 décembre.

Hier, à la demande de mon frère, je suis allé avec lui chez Goodman Brewster, où j'ai été aimablement accueilli par la jeune femme et ses parents. Après quelque temps, je trouvai le moyen de lui parler en privé de l'estime de mon frère pour elle, et de l'assurer que j'y consentais sincèrement et librement ; tandis que j'espérais, pour lui comme pour le sien, qu'elle s'abstiendrait, dans la mesure où cela était compatible avec sa notion de devoir, de faire ou de dire quoi que ce soit qui pourrait lui causer des ennuis avec les magistrats et les autorités. Elle a dit qu'elle était très reconnaissante de ma bonté envers elle, et que ce que je lui avais dit était un grand soulagement pour son esprit ; car lorsqu'elle rencontra mon frère pour la première fois, elle craignit que sa bonté et sa sympathie ne lui soient un piège ; et qu'elle avait été profondément troublée, en outre, de peur qu'en l'encourageant, elle ne fasse non seulement violence à sa propre conscience, mais aussi apporte du trouble et de la honte à quelqu'un qui, a-t-elle avoué, lui était cher, non seulement en ce qui concerne les choses extérieures. , mais en raison de ce qu'elle a discerné une vie intérieure innocente et pure dans sa conversation et son comportement. Elle avait sincèrement cherché à conformer sa conduite en cela, comme en toutes choses, à l'esprit de son divin Maître ; et, quant à ma prudence à l'égard de ceux qui détenaient l'autorité, elle ne savait pas ce que le Seigneur pourrait exiger d'elle, et elle ne pouvait que tout laisser entre ses mains, étant résignée même à se priver du doux réconfort de l'affection humaine et à prendre soin de lui. la croix quotidiennement, s'Il l'a fait, il le fera. "Ta visite et tes paroles aimables," continua-t-elle, "m'ont enlevé un grand poids. La voie me semble plus ouverte. Que le Seigneur te bénisse pour ta bonté."

Elle dit cela avec tant de tendresse d'esprit, et avec une douceur de regard et de voix si engageante, que j'en fus très ému, et la serrant dans mes bras, je l'embrassai et lui demandai de me considérer comme sa chère sœur. .

La famille nous pressant, nous restâmes souper, et m'asseyant en silence à table, j'allais parler à mon frère, mais il me fit signe de m'arrêter, et je me tus, sans savoir alors pourquoi. Nous restâmes donc tous assis tranquillement pendant un petit moment, ce que je découvris par la suite comme étant la manière dont ces gens mangeaient. Le souper était simple, mais d'un goût extrêmement bon : des pains de seigle chauds avec du beurre et du miel, et des bols de lait sucré et des pommes rôties. La bonne épouse Brewster, qui paraissait bien au-dessus de son mari (qui est un homme simple et sans instruction) par son maintien et son discours, parlait avec nous très agréablement, et Margaret semblait se sentir de plus en plus à l'aise à mesure que nous restions longtemps.

Sur le chemin du retour, nous avons rencontré Robert Pike, qui revient de l'est. Il a déclaré que Rebecca Rawson venait de lui dire où en étaient les choses avec Leonard et qu'il était très heureux d'entendre parler de sa perspective. Il connaissait Margaret Brewster depuis son enfance, et il n'y avait guère d'égale dans ces régions pour la douceur de caractère et la beauté de la personne et de l'esprit ; et, si elle était dix fois Quaker, il était libre de le dire en sa faveur. Je suis de plus en plus confirmé dans la conviction que Léonard n'a pas agi de manière imprudente dans cette affaire, et j'accepte joyeusement son choix, croyant qu'il est dans l'ordre de Celui qui fait toutes choses bien.

BOSTON, le 31 décembre.

Il ne lui manque que deux heures avant minuit et la fin de l'année. La famille est toute couchée, et je n'entends rien d'autre que le crépitement du feu qui brûle maintenant bas dans l'âtre et le tic-tac de l'horloge dans le coin. Le temps étant rude avec les gelées, personne ne bouge dans les rues, et les arbres et les buissons de la cour, dépouillés de leurs feuilles, paraissent assez tristes au-dessus de la neige blanche dont le sol est couvert, pour qu'on croirait que toutes choses doivent nécessairement mourir avec l'année. Mais, de ma fenêtre, je vois les étoiles briller d'un éclat merveilleux dans le ciel clair, et cette vue m'assure que Dieu veille toujours sur l'ouvrage de ses mains, et qu'au temps convenable il fera apparaître les fleurs. sur la terre, et le temps des oiseaux chanteurs à venir, et la voix de la tortue qui se fera entendre dans le pays. Et j'ai été amené, alors que j'étais seul ici, à penser aux nombreuses miséricordes qui m'ont été accordées au cours de mes voyages et séjours dans un pays étranger, et au sentiment de la merveilleuse bonté de Dieu envers moi et envers ceux qui me sont chers. moi, ici et ailleurs, j'ai rempli mon cœur de gratitude ; et comme autrefois ils avaient l'habitude d'ériger des pierres commémoratives sur les rives de la délivrance, de même j'érigerais en ce moment, pour ainsi dire, dans mon pauvre journal, un semblable pilier d'action de grâces à sa louange et à son honneur. qui a si gentiment pris soin de son indigne servante.

16 janvier 1679.

Je reviens tout juste de Reading, petite ville à dix ou douze milles de Boston, où je suis allé avec mon oncle et ma tante Rawson, et bien d'autres, pour assister à l'ordination de M. Brock, à la place du digne M. Hough, récemment décédé. Le temps étant clair et le voyage étant bon, un grand rassemblement de personnes se rassembla. Nous nous arrêtâmes à l'ordinaire, que nous trouvâmes presque rempli ; mais mon oncle, à force de gronder et de cajoler, obtint pour ma tante et moi une petite chambre, avec un lit propre, ce qui était plus que ce que nous avions de raisons d'espérer. Les ministres, qui étaient nombreux et remarquables (M. Mather et M. Wilson de Boston, et M. Corbet d'Ipswich, étant parmi eux), étaient déjà ensemble chez l'un des diacres. C'était tout un spectacle le lendemain matin de voir les gens venir des villes voisines et de remarquer leurs étranges robes, qui étaient en effet de toutes sortes, depuis les soies et les velours jusqu'aux lainages les plus grossiers, teints à la ciguë ou à l'huile de noix. écorce, et si mal ajustés que, s'ils avaient tous jeté leurs vêtements en tas, puis chacun s'emparait du manteau ou de la robe qui leur tombait sous la main, ils n'auraient pas pu s'adapter à un pire état. Pourtant, ils étaient tous propres et bien rangés, et les jeunes surtout avaient l'air extrêmement heureux, car c'était avec eux une fête célèbre. Les jeunes gens venaient accompagnés de leurs sœurs ou de leurs amies, montés sur des passagers ; et les gens ordinaires et toutes les maisons environnantes furent bientôt assez bruyants de joyeuses conversations et de rires. La salle de réunion était remplie bien avant le début des services. Il y avait une belle foule de personnes honorables dans les sièges avancés, et parmi eux ce vénérable magistrat, Simon Broadstreet , qui agit comme sous-gouverneur depuis la mort de M. Leverett ; l'honorable Thomas Danforth; M. William Brown de Salem ; et d'autres notables, dont je ne me souviens pas des noms, tous avec leurs épouses et leurs familles, courageusement vêtus . Le sermon a été prêché par M. Higginson de Salem, la charge a été donnée par M. Phillips de Rowley et la main droite de la communion par M. Corbet d'Ipswich. De retour à notre auberge, nous trouvâmes dans la cour une grande foule de jeunes roysters , qui avaient mis le nègre de M. Corbet, Sam, sur le dessus d'un tonneau, avec un bout de cuir coupé en forme de lunettes. , à califourchon sur son nez, où il se tenait debout, balançant ses bras, et prêchant, à la manière de son maître, imitant très astucieusement son ton et ses manières, au grand plaisir et à la grande gaieté des jeunes coquins qui l'avaient lancé. Nous restâmes quelque temps à la porte pour l'entendre, et, à vrai dire, il s'en sortit à merveille, étant un homme de bon rôle et de beaucoup d'humour. Mais, au moment où il décrivait le Diable et disait à ses auditeurs souriants qu'il n'était pas comme un homme noir mais comme un homme blanc, le vieux M. Corbet, qui s'était approché derrière lui, lui donna un vif coup de canne, sur quoi Sam pleuré,-

"Ose-t-il l'être maintenant !" ce dont tout le monde se mit à rire.

« Espèce de coquin, dit M. Corbet, descendez avec vous ; je vais vous apprendre à me comparer au diable.

"Pardon, massa !" dit Sam en descendant de sa chaire et en se frottant l'épaule. "Comment penses-tu que Sam te connaît ? Il ne voit rien ; il sent seulement le léchage."

"Vous le ressentirez encore", dit son maître en lui frappant un grand coup, que Sam esquiva.

"Non, frère Corbet," dit M. Phillips, qui était avec lui, "l'erreur de Sam n'était pas si étrange après tout ; car si Satan peut se transformer en ange de lumière, pourquoi pas en l'image de ministres aussi indignes que vous. et moi."

Cela mit le vieux ministre de bonne humeur, et Sam s'en sortit sans autre punition qu'un grave avertissement de se comporter avec plus de respect pour l'avenir. M. Phillips, voyant quelques-uns de ses jeunes gens dans la foule, les réprimanda vivement pour leur folie, ce qui ne les déconcerta pas peu.

L'auberge étant très bondée et assez bruyante, nous n'avons pas hésité à accepter l'invitation du pourvoyeur du dîner d'ordination, à nous asseoir là avec les invités d'honneur. J'ai attendu, avec d'autres jeunes, que les ministres et les personnes âgées aient terminé leur repas. Parmi ceux qui étaient assis à la deuxième table se trouvait un garçon bavard et bavard, fils de M. Increase Mather, qui, bien que âgé de seize ans seulement, a obtenu son diplôme au Harvard College l'année dernière et a la réputation d'être un bon érudit et d'avoir un esprit vif. . Il raconta quelques rares histoires concernant M. Brock, le ministre ordonné, et la merveilleuse efficacité de ses prières. Il a mentionné, entre autres choses, que lorsque M. Brock vivait sur les îles Shoals, il avait persuadé les gens d'accepter de consacrer un jour par mois, en dehors du Sabhath , au culte religieux. Or, il se produisit un jour une longue saison de temps orageux et mauvais, impropre à la pêche ; et quand arriva le jour qui avait été réservé, il se révéla si beau, que sa congrégation lui demanda de reporter la réunion, afin de pouvoir pêcher. M. Brock essaya en vain de les raisonner et de leur montrer le devoir de rechercher d'abord le royaume de

Dieu, alors que toutes les autres choses devraient y être ajoutées, mais la plupart décidèrent de quitter la réunion. Alors il leur cria : « Quant à vous qui négligez le culte de Dieu, allez pêcher si vous le pouvez. » Il y eut trente hommes qui partirent ainsi, et il n'en resta que cinq. Il leur dit : « Je prierai le Seigneur pour vous, afin que vous puissiez pêcher jusqu'à ce que vous soyez fatigué. » Et il en fut ainsi que les trente travaillèrent toute la journée et ne prirent que quatre poissons ; tandis que les cinq qui étaient restés à la réunion sortirent, une fois le culte terminé, et en prirent cinq cents ; et depuis lors, les pêcheurs assistèrent à toutes les réunions de nomination du ministre. Une autre fois, un pauvre homme, qui s'était rendu utile en transportant des gens à une réunion dans son bateau, perdit l'argent dans une tempête et vint se lamenter auprès de M. Brock. « Rentrez chez vous, honnête homme », dit le ministre. "Je parlerai de votre cas au Seigneur : vous retrouverez votre bateau demain." Et sûrement, dès le lendemain, un navire levant son ancre près de l'endroit où le bateau avait coulé, rejoignit le bateau du pauvre homme, sain et sauf, après lui.

Nous sommes retournés à Boston après le dîner, mais le trajet était plutôt froid, surtout après la nuit tombée, un vent vif du nord soufflant en grandes rafales, qui nous a presque engourdis. A peu de distance de Reading, nous rattrapâmes sur la route un vieux couple ; l'homme était tombé de cheval et sa femme essayait en vain de le relever ; alors le jeune M. Richards, qui était avec nous, l'aida à remonter en selle, disant à sa femme de le tenir soigneusement, car son vieux homme avait trop bu de flip. Sur ce, la bonne épouse s'adressa à lui avec une langue vile, lui disant que son vieil homme n'était autre que le diacre Rogers de Wenham, et un saint aussi bon et aussi pieux qu'il y en avait du ciel ; et il ne convenait pas à un jeune débauché et fripon de l'accuser d'ivresse, et ce ne serait rien de plus que son mérite si les ours le mangeaient avant son arrivée à Boston. Comme il était évident que la femme elle-même avait goûté à la tasse, nous les avons laissés et avons continué notre route, elle nous grondait à voix basse. Quand nous sommes rentrés à la maison, nous avons trouvé la cousine Rébecca, que nous avions laissée malade, enrhumée et en bien meilleure santé, assise et nous attendant.

21 janvier 1679.

Oncle Rawson est rentré à la maison aujourd'hui avec une grande passion et, m'appelant vers lui, il m'a demandé si j'allais moi aussi devenir Quaker et me mettre à prophétiser ? Ce qui ne me surprit pas du tout ; et quand je lui ai demandé ce qu'il voulait dire, il a répondu : « Votre frère Léonard est parti vers eux, et j'ose dire que vous le suivrez, si l'un des râleurs se mettait en tête que vous feriez de lui une bonne épouse. , ou chef de compagnie, car il n'y a jamais de mariage honnête entre eux. Puis, me regardant sévèrement, il me demanda pourquoi je lui avais caché cette affaire et permis ainsi à ce jeune homme insensé de se laisser prendre dans les pièges de Satan. J'en fus si profondément affligé que je ne pus jamais répondre un mot.

« Vous pouvez bien pleurer, dit mon oncle, car vous avez mal agi. Quant à votre frère, il fera bien de rester là où il est dans les plantations ; car s'il vient ici avec moi, je le ferai. ne l'épargne jamais d'un rien ; et si je ne le châtie pas moi-même, ce sera parce que le connétable sait mieux le faire à la queue de charrette. Tant que Dieu est vivant, j'aurais préféré qu'il se fasse Turc !

J'ai essayé de dire un mot pour mon frère, mais il m'a coupé court en me recommandant de ne plus prononcer son nom en sa présence. Pauvre de moi! Je n'ai personne ici maintenant à qui je puisse parler librement, Rebecca étant allée chez sa sœur à Weymouth. Mon jeune cousin Grindall est en bas, avec son ami d'université, Cotton Mather ; mais je ne me soucie pas d'écouter leur discours, et tante est occupée avec ses domestiques dans la cuisine, de sorte que je dois même m'asseoir seul avec mes pensées, qui ne sont en effet qu'une triste compagnie.

Le petit livre que j'ai apporté du Maine, étant le cadeau du jeune M. Jordan, et que j'ai gardé bien caché dans ma malle, ne m'a pas été une mince consolation aujourd'hui, car il regorge de choses douces et bonnes. pensées, même si celui qui l'a écrit était un moine. Surtout dans mon état déplorable, ces paroles m'ont-elles été un réconfort :

"Ce que tu ne peux pas amender en toi-même ou chez les autres, supporte-le avec patience jusqu'à ce que Dieu en décide autrement. Lorsque le confort te manque, ne désespère pas immédiatement. Tenez-vous avec un esprit égal et résigné à la volonté de Dieu, quoi qu'il arrive, car après l'hiver L'été vient ; après la nuit noire, le jour brille, et après la tempête suit un grand calme. Ne cherche pas une consolation qui te priverait de la grâce de la pénitence ; car tout ce qui est élevé n'est pas saint, ni tout ce qui est agréable et bon. ; ni tout désir pur ; et ce qui nous plaît n'est pas toujours agréable aux yeux de Dieu. »

23 janvier.

Le temps est glacial et il y a beaucoup de neige au sol. Par une lettre de Newbury, que m'a apportée M. Sewall, qui vient de rentrer de cet endroit, j'apprends que la bonne épouse Morse a été convoquée pour être jugée comme sorcière. M. Sewall me dit que la femme est maintenant dans la prison de Boston. Quant à Caleb Powell, il a été remis en liberté, car il n'existe aucune preuve de ses mauvaises pratiques. Pourtant, dans la mesure où il a effectivement donné lieu à des soupçons en se vantant de ses compétences en astrologie et en astronomie, la Cour a déclaré qu'il méritait à juste titre de supporter sa propre honte et les frais de sa poursuite et de son incarcération.

M. Sewall me dit que le diacre Dole vient d'épouser sa gouvernante, la veuve
Barnet, et que Moïse dit qu'il n'avait jamais su avant son père obtenir le pire
dans une bonne affaire.

30 janvier.

Robert Pike m'a appelé ce matin, m'apportant une lettre de mon frère et une
de Margaret Brewster. Il a visité les plantations Providence et le Rhode Island,
et il fait un bon rapport sur les perspectives de mon frère, qui possède une
belle ferme et une maison presque terminée, les voisins, étant pour la plupart
des quakers, l'y aident beaucoup. La lettre de mon frère confirme ce récit de
sa condition temporelle, bien qu'une grande partie soit consacrée à la défense
de ses nouvelles doctrines, pour lesquelles il rappelle ingénieusement de
nombreux passages de l'Écriture. La lettre de Margaret étant courte, je la
copie ici :—

LES PLANTATIONS, 20 du 1er mois, 1679.

"CHER AMI,—Je te salue avec beaucoup d'amour de ce nouveau pays, où
le Seigneur nous a dressé une table dans le désert. Voici une bonne
compagnie d'Amis, qui cherchent à connaître l'esprit de la Vérité et à vivre
ainsi, étant tenu en faveur et en estime par les dirigeants du pays, et ainsi laissé
en paix pour adorer Dieu selon leur conscience. Le pays tout entier étant
couvert de neige et le temps étant extrêmement froid, nous pouvons à peine
dire grand-chose de la dons et avantages naturels de notre nouvelle maison ;
mais elle se trouve au bord d'une petite rivière, et il y a des prairies fertiles, et
de vieux champs de maïs des Indiens, et de bonnes sources d'eau, de sorte
qu'on me dit que c'est un endroit désirable et agréable. dans la saison chaude.
Mon âme est pleine de gratitude et une douce paix intérieure est mon partage.
Les choses difficiles me sont rendues faciles; cet endroit désertique, avec ses
bois solitaires et ses neiges hivernales, est beau à mes yeux . Car ici nous ne
soyez plus des sujets de regard de la multitude grossière, nous ne sommes
plus éloignés de nos réunions et traités de sorcières et de personnes
possédées. Oh, combien de fois avons-nous été appelés jusqu'ici à répéter la
prière de quelqu'un autrefois : « Que je ne tombe pas entre les mains de
l'homme. Le changement à cet égard a été doux, au-delà du pouvoir des mots
à exprimer ; et compte tenu des miséricordes qui nous sont accordées, que
pouvons-nous faire d'autre que répéter les paroles de David : « La louange
est belle, oui, c'est une chose joyeuse et agréable d'être reconnaissant. C'est
une bonne chose de rendre grâce au Seigneur, de chanter les louanges de ton
nom, ô Très-Haut ! pour montrer ta bonté de cœur le matin et ta fidélité
chaque soir.

"Tu as sans aucun doute entendu dire que ton cher frère a été favorisé pour
voir le chemin de la vérité, selon notre persuasion, et qu'il a été reçu en
communion avec nous. Je crains que cela n'ait été pour toi une épreuve; mais,

cher cœur, laisse Il est entre les mains du Seigneur, dont je compte en effet l'œuvre. Tu n'as pas à craindre que l'estime de ton frère pour toi en soit diminuée, car elle sera plutôt augmentée par une mesure de cet amour divin qui, jusqu'à présent, de détruire, ne fait que purifier et renforcer les affections naturelles.

"Pense donc avec bonté à ton frère, car son amour pour toi est très grand, et à moi aussi, bien que je sois indigne, à cause de lui. Et ainsi, avec les salutations d'amour et de paix, auxquelles ma chère mère se joint , je reste ton amie bien-aimée, MARGARET BREWSTER.

"La femme Morse, à ce que j'entends, est dans votre prison pour être jugée pour sorcellerie. C'est une pauvre et faible créature, mais je ne lui connais aucun mal, et je la crois plus stupide que méchante en matière de " MB ".

10 février.

En parlant de Goody Morse aujourd'hui, l'oncle Rawson dit qu'elle sera, pense-t-il, considérée comme une sorcière, car il y a de nombreux témoins de Newbury pour témoigner contre elle. Tante a envoyé à la vieille créature des couvertures chaudes et d'autres articles de première nécessité dont elle avait grand besoin, et Rebecca et moi avons modifié une des vieilles robes de tante pour qu'elle la porte, car elle n'a rien d'apparent. M. Richardson, son ministre, lui a rendu visite deux fois depuis qu'elle est en prison ; mais il dit qu'elle est endurcie dans son péché et qu'elle n'en avouera rien.

14 février. Le célèbre M. John Eliot, ayant affaire avec mon oncle, a passé la dernière nuit avec nous, un homme vraiment digne, qui, en raison de ses grands travaux parmi les Indiens païens, peut être appelé le principal de nos apôtres. Il amena avec lui un jeune Indien, fils d'un homme de quelque notoriété parmi son peuple, très brillant et joli, et joliment vêtu à la mode de sa tribu. Ce garçon a l'esprit vif, lit et écrit , et a une certaine compréhension de l'Écriture ; en effet, il a répété le Notre Père d'une manière édifiante à entendre.

Le vénérable major Gookins venant souper avec nous, il y eut beaucoup de discussions concernant les affaires de la province : le major et son ami Eliot étant tous deux de grands défenseurs des droits et libertés du peuple, et extrêmement jaloux de la règle de la maison. gouvernement, et sur ce point mon oncle était tout à fait d'accord avec eux. D'une manière particulière, le major Gookins s'est plaint des actes de commerce comme étant préjudiciables aux intérêts de la colonie et auxquels, selon lui, il ne fallait pas se soumettre, car les lois de l'Angleterre étaient limitées par les quatre mers et ne permettaient pas à juste titre de se conformer aux lois de l'Angleterre. atteindre l'Amérique. Il lut une lettre qu'il avait de M. Stoughton, un des agents de la colonie en Angleterre, montrant comment ils avaient été retardés de temps en temps, sous une excuse ou une autre, sans pouvoir être entendus ; et maintenant le complot papiste occupait tellement tous les esprits là-bas, que les questions de plantation étaient tristement négligées ; mais ce qui était certain, c'est que les lois régissant le commerce devaient être approuvées par le Massachusetts, si nous voulions éviter une violation totale. Mon oncle frappa durement la table avec sa main et dit que si tout le monde était de son avis , ils ne tiendraient jamais compte de cette infraction ; ajoutant qu'il connaissait ses droits en tant qu'Anglais né libre, en vertu de la Magna Charta, qui déclarait que c'était un privilège pour lui d'avoir voix au chapitre dans l'élaboration des lois ; tandis que le Massachusetts n'avait pas de voix au Parlement et que des lois lui étaient imposées par des étrangers.

« Pour ma part, » dit le major Gookins , « je considère le livre de notre frère Eliot sur le Commonwealth chrétien, que le Tribunal s'est empressé de condamner à l'arrivée du roi, comme un traité solide et opportun, malgré l'auteur lui-même l'a en quelque sorte renié.

"J'ai véritablement condamné et nié les doctrines fausses et séditieuses qui y étaient imputées", a déclaré M. Eliot, "mais pour le livre lui-même, correctement pris, et en tenant compte d'un peu de chaleur du discours et de certains mots précipités et inconsidérés qui y sont contenus. " Je n'ai jamais vu de raison de me repentir. Je suis tout à fait d'accord avec ce que mon regretté ami et collaborateur, M. Danforth, a dit, lorsqu'on lui a dit que le roi devait être proclamé à Boston : " Quelle que soit la forme de gouvernement qui puisse en être déduite, de l'Écriture, cédant à cela par souci de conscience, sans oublier en même temps ce que l'Apôtre a dit, si tu peux être libre, utilise-le plutôt.'"

Mon oncle a dit que c'était du bien de M. Danforth, qui était un digne gentleman et un véritable ami des libertés de la colonie ; et il demanda à Rebecca de lire quelques vers ingénieux écrits par lui dans un de ses almanachs, qu'elle avait copiés il n'y a pas longtemps, dans lesquels il compare la Nouvelle-Angleterre à un bel arbre ou à une belle plante. Sur quoi Rébecca les lut ainsi :

C'était
un cultivateur habile , qui a amené de loin cette plante incomparable, et qui a cherché ici un endroit pour la planter; et pour elle, le désert fait du pays
une terre agréable.

"Avec un aspect agréable, Phébus sourit aux
tendres bourgeons et aux fleurs qui y pendent; Astrée est assise à la racine
de cet arbre et chante,
et l'arrose, d'où jaillit la justice droite, qui jaillit chaque année des lois et des libertés que la volonté ou l'esprit d'aucun homme ne peut tyranniser. " Ces oiseaux de proie qui ont parfois opprimé et souillé le pays avec leur nid

crasseux, la justice les abhorre et espère un jour trouver un moyen de faire grincer tous ceux qui ne respectent pas leurs promesses. Au sommet de cet arbre est suspendue l'agréable Liberté, qu'on ne voit pas en Autriche. , France, Espagne, Italie. La vraie liberté est mûre là , là où tous confessent qu'ils peuvent faire ce qu'ils veulent, sauf la méchanceté. La paix est un autre fruit que porte cet arbre, la plus grande guirlande que porte le pays, qui sur toute la maison. -les sommets, les villes et les champs s'étendent, et rembourrent l'oreiller de chaque tête fatiguée. Il a fleuri autrefois en Europe, mais maintenant il a disparu, et je suis heureux de trouver une demeure dans le désert. La Vérité abandonnée, fille du Temps, pousse ici,
—

Un fruit plus précieux que tout arbre jamais produit, — Dont la vue agréable en l'air a nourri beaucoup de gens, Et ce qui tombe frappe l'Erreur à la tête. »

Peu de temps après, Rebecca trouva le moyen d'entraîner le bon M. Eliot dans quelque récit de ses travaux et de ses voyages parmi les Indiens, de leur manière de vivre, de leurs cérémonies et de leurs traditions, en lui disant que j'étais étranger dans ces régions. et curieux de ces questions. Il s'adressa donc à moi avec beaucoup de gentillesse, répondant aux questions que j'osais lui poser. Et d'abord, touchant les Powahs , dont j'avais beaucoup entendu parler, il dit qu'ils étaient manifestement des sorcières et qu'ils avaient des esprits familiers ; mais que, depuis que l'Évangile a été prêché ici, leur pouvoir leur avait dans une grande mesure disparu. « Mon vieil ami, Passaconaway , le chef des Indiens de la rivière Merrimac, » dit-il, « était, avant son heureuse et merveilleuse conversion, un Powah et un sorcier réputé . Je l'ai interrogé un jour au sujet de ses sorcelleries, quand il a dit qu'il avait fait méchamment, et c'était une merveille que le Seigneur ait épargné sa vie et ne l'ait pas frappé à mort avec ses éclairs. Et quand je l'ai pressé de me raconter comment il était devenu Powah, il a dit qu'il aimait ne pas en parler, mais il me le disait néanmoins. Sa grand-mère lui disait beaucoup de choses sur les bons et les mauvais esprits, et d'une manière particulière sur l' Abomako , ou Chepian , qui avait la forme d'un serpent et qui était cause de maladie et de douleur. Et il arriva qu'un jour, alors qu'il chassait dans le désert, à trois jours de route de chez lui, il s'égara et erra longtemps sans nourriture, et la nuit tomba. il crut entendre des voix d'hommes qui parlaient, mais, en s'approchant de l'endroit d'où venait le bruit, il ne put voir que les arbres et les rochers ; et alors il aperçut une lumière, comme celle d'un wigwam, à peu de distance, mais, s'approchant d'elle, elle s'éloigna, et, la suivant, il fut conduit dans un marécage lugubre, plein d'eau, de serpents et de ronces ; Et étant dans une situation si triste, pensez à lui de tout ce qu'il avait entendu parler des démons maléfiques et de Chepian , qui, il n'en doutait pas, était la cause de son malheur. Enfin, arrivant sur une petite colline du marais, il se coucha sous une pruche et, très fatigué, s'endormit. Et il fit un rêve qui était ainsi :

"Il crut voir un grand serpent sortir du marais et se tenir sur sa queue sous un grand érable; et il crut que le serpent lui parlait et lui dit de prendre courage, car il le guiderait en toute sécurité. du marais, et faire de lui un grand chef et Powah , s'il voulait le prier et le reconnaître comme son dieu. Tout ce qu'il a promis de faire, et quand il s'est réveillé le matin, il a vu devant lui l'érable -arbre sous lequel il avait vu le serpent dans son rêve, et, grimpant au sommet, il aperçut à une grande distance la fumée d'un wigwam, vers lequel il se dirigea, et trouva quelques-uns des siens préparant un repas copieux. de venaison. Quand il revint à Patucket , il raconta son rêve à sa grand-mère, qui fut très réjouie, et alla de wigwam en wigwam, racontant à la tribu que Chepian était apparu à son petit-fils. Ils firent donc un grand festin et dansèrent. , et il fut désormais considéré comme un Powah . Peu de temps après, une femme de la tribu tombant malade, on l'envoya chercher pour la guérir, ce qu'il fit en priant Chepian et en lui imposant les mains ; et à plusieurs autres moments, le Diable l'aidait dans ses enchantements et ses sorcelleries.

J'ai demandé à M. Eliot s'il connaissait des femmes qui étaient Powahs . Il a avoué qu'il n'en connaissait aucun ; ce qui était d' autant plus étrange que dans les pays chrétiens, le Vieux Serpent trouvait couramment parmi les femmes les instruments de son métier.

À ma question sur la notion que les païens avaient de Dieu et d'un état futur, il a répondu que, lorsqu'il leur parlait du grand et vrai Dieu, qui a fait toutes choses, ainsi que du ciel et de l'enfer, ils y consentiraient volontiers, disant cela ainsi leurs pères le leur avaient enseigné ; mais quand il leur parla de la destruction du monde par le feu et de la résurrection des corps, ils ne voulurent pas l'entendre, car ils prétendaient soutenir que l'esprit du mort va immédiatement, après la mort, vers l'heureux. des terrains de chasse faits pour les bons Indiens, ou vers les marécages et les montagnes froids et mornes, où les mauvais Indiens meurent de faim et gèlent et souffrent de toutes sortes de difficultés.

Il y avait, nous a dit M. Eliot, un célèbre Powah qui, venant à Punkapog , alors qu'il se trouvait dans cette ville indienne, a déclaré parmi les gens là-bas qu'un petit colibri était venu vers lui et le picorait quand il le faisait. tout ce qui n'allait pas, et chantez-lui doucement quand il a fait une bonne chose ou prononcé les bonnes paroles ; ce qui, parvenu à l'oreille de M. Eliot, lui fit avouer, en présence de l'assemblée, qu'il entendait seulement, par la figure de l'oiseau, le sentiment qu'il avait du bien et du mal dans son propre esprit. Cet homme était en outre extrêmement rusé et posait souvent des questions difficiles à répondre sur la création du diable et la chute de l'homme.

Je lui ai dit que je pensais que ce devait être une grande satisfaction pour lui d'être autorisé à être témoin du fruit de ses longs travaux et souffrances en faveur de ce peuple, dans l'espoir de la conversion d'un si grand nombre d'entre eux à la lumière et à la connaissance du Gospel; à quoi il répondit que ses pauvres travaux avaient en effet été grandement bénis, mais que tout cela était l'œuvre du Seigneur, et il pouvait vraiment dire qu'il sentait, compte tenu des grands besoins de ces gens sauvages, de leurs ténèbres et de leur misère, qu'il n'avait en aucun cas fait tout son devoir envers eux. Il dit aussi que chaque fois qu'il risquait de s'enfler à cause des louanges des hommes ou de la vanité de son propre cœur, le Seigneur avait jugé bon de l' abaisser et de l'humilier, en faisant replier certains de ses gens sur leur propre peuple. vieilles pratiques païennes. La guerre, en outre, fut un mal terrible pour les églises indiennes, car quelques-unes d'entre elles furent incitées par Philippe à se joindre à lui dans ses incendies et ses massacres , ce qui fit que même les paisibles et les innocents furent véhémentement suspectés et criés contre eux. comme des trompeurs et des meurtriers. De pauvres vieillards inoffensifs et des femmes pieuses avaient été abattus et tués par nos soldats, leurs wigwams brûlés, leurs familles dispersées et poussées à chercher refuge chez l'ennemi ; oui, de nombreux Indiens chrétiens, croyait-il, avaient été vendus comme esclaves aux Barbades , ce qu'il considérait comme un grand péché et un reproche à notre peuple. Le major Gookins dit que de meilleurs sentiments à l'égard des Indiens prévalaient désormais parmi la population ; le moment était où, en raison de son amitié envers eux et de sa condamnation de leurs oppresseurs, il fut crié contre et lapidé dans les rues, au grand péril de sa vie.

Ainsi, après quelques discussions supplémentaires, nos invités nous quittèrent, M. Eliot m'invitant gentiment à visiter sa congrégation indienne près de Boston, afin que je puisse juger par moi-même de leur état.

22 février 1679.

Le temps passant soudainement d'une pluie chaude et d'une brume à un froid vif et clair, les arbres un peu plus loin de la maison brillaient si bien hier soir d'un éclat merveilleux à la lumière de la lune, maintenant proche de sa pleine, que j'étais obligé. sortir au sommet de la colline pour les admirer. Et en vérité, ce n'était pas une mince spectacle de voir chaque petite brindille incrustée de glace et scintillante de façon célèbre comme de l'argenterie ou du cristal, alors que les rayons de la lune les frappaient. De plus, la terre était couverte de neige gelée, lisse et dure comme du marbre, à travers laquelle les longs joncs, les noisetiers et les molènes, et les brins secs d'herbes, se dressaient courageusement, endormis par le gel. Et, regardant vers le haut, il y avait les cimes sombres des arbres à feuilles persistantes, tels que les pruches, les pins et les épicéas, étoilés et pailletés, comme mouillés par une grande pluie de cristaux fondus. Après avoir admiré et émerveillé ce rare divertissement et spectacle de la nature, j'ai dit que cela me faisait penser à ce que racontent les Espagnols et les Portugais des grands Incas de Guyane, qui possédaient un jardin d'agrément dans l'île de Puna, où ils avaient l'habitude de se rendre. prenez-vous quand ils voudraient profiter de l'air de la mer, dans laquelle ils avaient toutes sortes d'herbes et de fleurs, et des arbres curieusement façonnés d'or et d'argent, et si brunis que leur éclat extrême éblouissait les yeux des spectateurs.

« Non, » dit le digne M. Mather, qui nous accompagnait, « cela devrait plutôt, je pense, rappeler ce que le Révélateur a dit de la Ville Sainte. Je n'ai jamais contemplé un spectacle aussi merveilleux du monde naturel sans se souvenant de la description de la gloire de cette ville descendue du ciel d'auprès de Dieu, ayant la gloire de Dieu et sa lumière semblable à une pierre très précieuse, semblable à une pierre de jaspe, claire comme du cristal. et la ville était d'or pur, comme du verre clair. Et les douze portes étaient douze perles, chaque porte était d'une seule perle, et la place de la ville était d'or pur, comme du verre transparent.

"Il n'y a jamais eu de palais royal éclairé et orné comme celui-ci", a poursuivi M. Mather pendant que nous rentrions chez nous. " Il semble que ce soit le dessein de Dieu de montrer comment il peut se glorifier dans l'œuvre de ses mains, même en cette saison de ténèbres et de mort, quand toutes choses sont scellées et qu'il n'y a ni fleurs, ni feuilles, ni ruisseaux ruineux. , pour parler de sa bonté et chanter ses louanges. En vérité, il a été dit : Il fait de grandes choses que nous ne pouvons comprendre. Car il dit à la neige : Sois sur la terre ; de même à la petite pluie et à la grande pluie. de sa force. Il scelle la main de chacun, afin que tous connaissent son œuvre. Alors les bêtes entrent dans leurs tanières et restent à leur place. Du sud vient le tourbillon, et le froid du nord. . Par le souffle de Dieu le gel est donné et la largeur des eaux est réduite.

10 mars.

Je souffre depuis plusieurs jours d'un grand rhume et d'une pleurésie, bien que, grâce à la bénédiction de Dieu sur les moyens utilisés, je sois à peu près indemne de douleur et très soulagé, également, d'une toux fastidieuse. Dans cette maladie, je n'ai pas manqué la compagnie et les bons soins de ma chère cousine Rébecca, qui ont été en effet d'un grand réconfort. Elle me dit aujourd'hui que le moment a été fixé pour son mariage avec Sir Thomas, ce qui ne m'a pas peu réjoui, car je dois retourner dans mon propre pays en leur compagnie. J'ai extrêmement hâte de revoir les chers amis dont j'ai été séparé par plusieurs mois de temps et un grand océan.

La cousine Torrey, de Weymouth, est arrivée hier, a amené avec elle une très jolie et brillante fille indienne, une des ouailles de M. Eliot , du peuple Natick. Elle était vêtue à la manière anglaise, sauf qu'elle portait des jambières, appelées mocassins, à la place de chaussures, délicatement ouvragées avec les piquants d'un animal appelé porc-épic, et accrochées avec de petites coquilles noires et blanches. Ses cheveux, très longs et noirs, pendaient droit dans son dos, étaient séparés de son front et retenus au moyen d'une bande de bouleau dans le dos, ornée de piquants et de plumes, qui entourait sa tête. Elle parle bien l'anglais et sait écrire et lire. Rebecca, pour mon amusement, lui posa beaucoup de questions au sujet des Indiens en prière ; et comme elle désirait savoir s'ils ne retournaient en aucune manière à leurs anciennes pratiques et cultes, Wauwoonemeen (car ainsi elle était appelée par son peuple) nous dit qu'ils tenaient toujours leur Keutikaw , ou Danse pour les morts ; et que les ministres, bien qu'ils n'aient pas manqué de le décourager, ne l'avaient pas complètement interdit, dans la mesure où ce n'était qu'une coutume civile du peuple, et non un rite religieux. Cette danse avait généralement lieu à la fin des douze lunes après la mort de l'un d'entre eux et terminait le deuil. Les invités apportent des cadeaux à la famille endeuillée, sous forme de wampum, de peaux de castor, de maïs, d'arachides et de venaison. Ces présents sont remis à un orateur désigné à cet effet, qui les prend un à un et les remet aux personnes en deuil, avec un discours les suppliant de se consoler par ces témoignages de l'amour du prochain et d'oublier. leurs chagrins. Après quoi, ils se mettent à table et s'amusent ensemble.

Or, il était arrivé par hasard que lors d'une réunion tenue à Keutikaw cet hiver, deux hommes étaient tombés malades et étaient morts le lendemain ; et bien que M. Eliot, lorsqu'on lui en a parlé, en ait imputé la faute à leur danse intense jusqu'à ce qu'ils soient dans une grande chaleur, puis à courir dans la neige et l'air vif pour se rafraîchir, beaucoup pensaient qu'ils ont été maltraités et empoisonnés. Ainsi, deux vieux Powahs réputés de Wauhktukook , sur le grand fleuve Connecticut, furent envoyés pour découvrir les meurtriers. Alors ces pauvres païens se rassemblèrent dans un grand wigwam, où les vieux sorciers entreprirent, par leurs sortilèges et incantations, de consulter les puissances invisibles en la matière. J'ai demandé à Wauwoonemeen si elle savait comment ils s'entraînaient à cette occasion ; sur quoi elle dit que seuls les hommes étaient autorisés à être dans le wigwam, mais qu'elle pouvait entendre les battements de bâtons sur le sol, les gémissements, les hurlements et les murmures lugubres des Powahs , et qu'elle, avec une autre jeune femme, s'aventurant En jetant un coup d'œil par un trou à l'arrière du wigwam, j'ai vu un grand nombre de personnes assises par terre, et les deux Powahs devant le feu, sautillant et se frappant la poitrine, et roulant des yeux très effroyablement.

"Mais qu'est-il arrivé ?" demanda Rébecca. "Le mauvais esprit qu'ils ont ainsi invoqué a-t-il témoigné contre lui-même, en disant qui étaient ses instruments de mal ?"

La jeune fille a déclaré qu'elle n'avait jamais entendu parler d'une quelconque découverte d'empoisonneurs, si tant est qu'il y en ait eu. Elle nous a dit, en outre, que bon nombre des meilleurs membres de la tribu ne participeraient pas à cette affaire, la considérant comme un péché ; et que les principaux acteurs furent très censurés par les ministres et si honteux qu'ils chassèrent les Powahs du village, les femmes et les garçons les poursuivant et les battant avec des bâtons et de la neige gelée, de sorte qu'ils durent se rendre au théâtre. bois dans un triste sort.

Nous donnâmes à la jeune fille quelques petits bibelots et un joli morceau de tissu pour faire un tablier, ce qui lui plut beaucoup. Nous étions tous charmés par ses bons côtés, la douceur de son visage, son discours et son esprit vif, étant ainsi satisfaits que la nature ne connaît aucune différence entre l'Europe et l'Amérique en termes de sang, de naissance et de corps, comme nous le lisons dans Actes 17 que Dieu a fait de un seul sang pour toute l'humanité. J'ai particulièrement pensé à une parole de cet homme ingénieux mais schismatique, M. Roger Williams, dans le petit livre qu'il a publié en Angleterre sur la langue indienne :

" Ne te vante pas, fier Anglais, de ta naissance et de ton sang,
ton frère indien est par naissance aussi bon ; d'un seul sang, Dieu l'a fait, toi et tous, aussi sages, aussi justes, aussi forts, aussi personnels.

"Par nature , la colère est sa part, la tienne, pas plus,
jusqu'à ce que la grâce rétablisse son âme et la tienne en Christ. Assure-toi de ta seconde naissance, sinon tu verras le ciel ouvert aux Indiens sauvages, mais fermé à toi!"

15 mars.

Un certain Maître O'Shane , un érudit irlandais, dont mes cousins ici ont appris la langue latine, est venu hier soir et a trouvé Rebecca et moi seuls (oncle et tante étant en visite chez M. Atkinson), était extrêmement joyeux, nous divertissant rarement avec ses histoires et ses chansons. Rebecca me dit que c'est un homme instruit, comme je peux bien le croire, mais qu'il aime trop les boissons fortes pour son bien, ayant ainsi perdu la faveur de plusieurs des premières familles d'ici, qui l'employaient autrefois. Il y avait une ballade, qu'il dit être de sa propre création, concernant la vente de la fille d'un grand seigneur irlandais comme esclave dans ce pays, qui m'a beaucoup plu ; et comme je lui en demandais une copie, il me l'a apporté ce matin, en bonne main. Je le copie dans mon Journal, car je sais qu'il plaira à Oliver, qui est curieux de ces choses-là.

KATHLÉEN.

O NORAH, pose ton panier,
et repose ta main fatiguée, et viens m'entendre chanter une chanson de notre vieille Irlande.

Il y avait un seigneur de Galaway ,
un seigneur puissant ; et il épousa une seconde femme, une servante de bas degré.

Mais il était vieux, et elle était jeune,
Et ainsi, malgré le mal, Elle cuisinait du pain noir pour ses parents, Et
nourrissait les siens avec du blanc.

Elle a fouetté les servantes et affamé les gens,
Et a chassé les pauvres : « Ah, malheur à moi ! le vieux seigneur a dit: "Je
regrette mon affaire!"

Ce seigneur avait une fille belle,
bien-aimée des vieux et des jeunes, et tous les soirs autour des feux de
guérison, le Gleeman chantait.

« La jeune Kathleen est aussi douce et bonne
qu'Eve avant sa chute ; » Ainsi chantait le harpiste à la foire, Ainsi
harpissait-il dans la salle.

"Oh, viens à moi, ma fille chérie !
Viens t'asseoir sur mes genoux,
car tu regardes ton visage, Kathleen,
celui de ta mère, je vois !"

Il lissa et lissa ses cheveux,
il l'embrassa sur le front ; "C'est le front de ma chérie Mary, ce sont les
cheveux de ma chérie !"

Oh, alors la dame en colère parla :
" Lève-toi, lève-toi," dit- elle,
"Je te vendrai sur l'Irlande, je te vendrai sur la mer !"

Elle coupa ses cheveux brillants,
pour que personne de son rang ne le sache ; elle ôta sa robe de soie, et lui
en donna une en étoupe,

Et il l'envoya dans la ville de Limerick
et à un marin vendit cette fille d'un seigneur irlandais pour dix bonnes livres
d'or.

Le seigneur, il frappa sa poitrine,
et déchira sa barbe si grise ; mais il était vieux, et elle était jeune, et ainsi elle
obtint ce qu'elle voulait.

Bien sûr, cette même nuit, la Banshee a hurlé
pour effrayer la méchante dame, et les fées, qui aimaient Kathleen, sont
venues avec des torches funéraires.

Elle les regarda regarder à travers les arbres,
et scintiller en bas de la colline ; ils se glissèrent devant la porte du caveau
mort, et là ils restèrent tous immobiles !

« Lève-toi, mon vieux ! Les lumières du réveil brillent ! »
"Espèce de sorcière meurtrière ", dit- il,
"Alors je suis débarrassé de ta langue, peu m'importe si elle brille pour toi
ou pour moi."

"Oh, quiconque ramène ma fille,
j'aurai mon or et ma terre !" Oh, alors son beau page
parla : "Je n'ai envie ni d'or ni de terre !

"Mais donne -moi ta fille chérie,
donne-moi la douce Kathleen, qu'elle soit sur mer ou sur terre, je te la
ramènerai."

"Ma fille est une dame née,
et vous d'un bas degré, mais elle sera votre épouse le jour où vous me la
ramènerez."

Il a navigué vers l'est, il a navigué vers l'ouest,
et il a navigué loin et longtemps, jusqu'à ce qu'il arrive à la ville de Boston, à
travers la grande mer salée.

"Oh, avez- vous vu la jeune Kathleen,
La fleur d'Irlande ? Vous la reconnaîtrez à ses yeux si bleus, Et à sa main
blanche comme neige !"

parla : « Je connais la jeune fille dont vous parlez ; je
l' ai achetée à un homme de Limerick, et elle s'appelle Kathleen.

"Elle n'a aucune compétence dans les travaux ménagers,
Ses mains sont douces et blanches, Et pourtant, par des regards et des
manières aimants, Elle paie ses coûts en récompense."

Alors ils ont traversé la ville de Boston,
et ont rencontré une foire inaugurale, un petit panier sur son bras, si blanc
comme neige et nu.

"Viens ici, mon enfant, et dis : as-tu
déjà vu ce jeune homme ?" Ils pleurèrent dans les bras l'un de l'autre, le
page et la jeune Kathleen.

" Oh, donne-moi cet enfant chéri,
et prends ma bourse d'or." "Non, pas par moi", dit son maître, "La douce
Kathleen sera-t-elle vendue.

"Nous l'avons aimée à la place de celle que
le Seigneur a prise tôt ;
mais, puisque son cœur est en Irlande,
nous la rendons à nouveau !"

Oh, c'est pour cela que les saints du ciel
prieront pour sa pauvre âme, et que Marie Mère lavera avec ses larmes ses
hérésies.

Bien sûr, maintenant, ils habitent en Irlande ;
En remontant Claremore, vous verrez leur château surplombant l'agréable
rive de Galway.

Et la femme du vieux seigneur est morte et partie,
et il est un homme heureux, car il est assis à côté de sa propre Kathleen,
avec sa chérie sur ses genoux. 1849.

27 mars 1679.

J'ai passé l'après-midi et la soirée hier chez M. Mather, avec son oncle et sa
tante, Rebecca et Sir Thomas, ainsi que M. Torrey de Weymouth et sa
femme ; M. Thacher , le ministre de la South Meeting, et le major Simon
Willard de Concord, étant également présents. On a beaucoup parlé de
certains Antinomiens, dont les enseignements vagues et scandaleux
concernant les œuvres étaient fortement condamnés, bien que M. Thacher
pensait qu'il pourrait y avoir danger, en revanche, de tomber dans l'erreur des
Sociniens, qui insistent tant sur œuvres, qu'ils n'aient pas de scrupules à sous-
évaluer et à ridiculiser la foi. M. Torrey a parlé de certains Antinomiens qui,
coupables de péchés scandaleux, se sont néanmoins justifiés et ont plaidé
qu'ils n'étaient plus sous la loi. Sir Thomas nous entraîna Rebecca et moi dans
un coin de la pièce, disant qu'il était las de tant de disputes, et commença à
raconter ce qui lui était arrivé lors d'une visite tardive aux habitants de New
Haven. Entre autres choses, il nous raconta que pendant qu'il était là, une
jeune fille de dix-neuf ans fut jugée pour sa vie, parce que ses parents se
plaignaient de désobéissance à leurs ordres et les injuriaient ; qu'au début la
mère de la jeune fille parut effectivement témoigner fortement contre elle ;
mais après avoir prononcé quelques mots, l'accusé criant avec une
lamentation amère, qu'elle aurait été détruite dans sa jeunesse par les paroles
de sa propre mère, la femme adoucit tellement son témoignage que la Cour,
étant dans le doute sur la affaire, eut une consultation avec les ministres
présents, pour savoir si la jeune fille accusée s'était justement rendue passible
du châtiment prescrit pour les enfants têtus et rebelles dans Deut. XXI. 20,
21. On pensait que cette loi s'appliquait spécialement à un fils rebelle, selon
les mots du texte, et qu'une fille ne pouvait pas être mise à mort en vertu de
cette loi ; ce à quoi la Cour donna son accord, et la jeune fille, après avoir été
réprimandée, fut libérée. Là-dessus, nous raconta Sir Thomas, elle courut en
sanglotant dans les bras de sa mère, qui se réjouissait d'elle comme d'une
ressuscitée des morts, et qui, en outre, se reprochait fortement de l'avoir mise
en si grand péril, en se plaignant de sa désobéissance au magistrats.

Le major Willard, un homme agréable et bavard, se voit poser par M. Thacher quelques questions relatives à son voyage dans le New Hampshire, en 1952, avec le savant et pieux M. Edward Johnson, en obéissance à un ordre du général. Court, pour avoir découvert la partie la plus septentrionale de la rivière Merrimac, nous a donné un petit historique de celle-ci, dont j'ai jugé certaines parties dignes de mention. La compagnie, composée des deux commissaires, de deux arpenteurs et de quelques Indiens, comme guides et chasseurs, partit de Concord vers la mi-juillet et suivit la rivière sur laquelle se trouve Concord, jusqu'à ce qu'ils arrivèrent aux grandes chutes du Merrimac. , à Patucket , où ils furent gentiment reçus au wigwam d'un chef indien qui y demeurait. Ils se rendirent ensuite aux chutes de l' Amoskeag , lieu de villégiature célèbre des Indiens, et campèrent au pied d'une montagne, à l'ombre de quelques grands arbres, où ils passèrent le lendemain, c'était le Sabhath . M. Johnson a lu une partie de la Parole et un psaume a été chanté, les Indiens étant assis par terre un peu à l'écart, d'une manière très révérencieuse. Ils se rendirent ensuite à Annahookline , où se trouvaient quelques champs de maïs indiens, et de là, traversant un pays sauvage et vallonné, jusqu'à la tête du Merrimac, à un endroit appelé par les Indiens Aquedahcan , où ils observèrent la latitude et fixèrent leurs noms. sur un grand rocher, avec celui du vénérable gouverneur John Endicott. Ici se trouvait le grand lac Winnipiseogee , aussi grand qu'un comté anglais, avec de nombreuses îles, très vertes d'arbres et de vignes, et regorgeant d'écureuils et d'oiseaux. Ils passèrent deux jours à la sortie du lac, l'un d'eux le Sabhath , une journée merveilleusement calme et tranquille du milieu de l'été. "C'est étrange", dit le major, "mais il est vrai que, même si un quart de siècle s'est écoulé depuis ce jour, il est encore très frais et doux dans ma mémoire. Bien des fois, dans mes réflexions, je J'ai l'impression d'être de nouveau assis sous les hêtres d' Aquedahcan , avec mes trois amis anglais, et il me semble en effet voir les Indiens accroupis au bord du lac, autour d'un feu, cuisinant leurs plats, et la fumée de ceux-ci s'enroulant parmi les des arbres au-dessus de leurs têtes, et au-delà d'eux se trouve le grand lac et ses îles, certaines grandes et d'autres très petites, et les montagnes qui s'élèvent de l'autre côté et dont les cimes boisées apparaissent dans l'eau calme comme dans un verre. En outre, il me semble avoir le sentiment de l'odeur des fleurs, qui abondaient là-bas, et des fraises dont le vieux champ de maïs indien près de chez nous était rouge, elles étant alors mûres et succulentes au goût. aussi, comme si je pouvais entendre l'aboiement de mon chien, le bavardage des écureuils et le chant des oiseaux, dans les bois épais derrière nous ; et, en outre, la voix de mon ami Johnson, qui rappelait ces paroles du 104e Psaume : « Bénis le Seigneur, ô mon âme ! qui te couvre de lumière, comme d'un vêtement ; qui étend les cieux comme un rideau ; qui pose les poutres de ses chambres dans les eaux ; qui fait des nuages son char ; et marche sur les ailes du vent ! Ah moi ! Je n'entendrai jamais davantage cette voix, à moins que, par la miséricorde de Dieu, il me soit permis de me joindre aux saints de la lumière dans la louange et l'action de grâce au bord d'eaux plus calmes et parmi des pâturages plus verts que ceux d' Aquedahcan .

"Il était en effet une lumière brillante", a déclaré M. Mather, "et, compte tenu de sa perte et de celle d'autres dignes de l'Église et de l'État, nous pouvons très bien dire, comme autrefois : Au secours, Seigneur, pour l'homme pieux. cesse !"

Le major Willard a déclaré que les œuvres de M. Johnson le louaient, en particulier ce monument de sa piété et de son savoir, « L'histoire de la Nouvelle-Angleterre ; ou, la Providence miraculeuse du Sauveur de Sion », dans lequel il s'est montré en vers et en prose un ouvrier qui n'a pas honte. Il y avait un morceau que M. Johnson avait écrit sur de l'écorce de bouleau à la tête du Merrimac, pendant le voyage dont il avait parlé, qui n'avait jamais été imprimé, mais qui méritait plus cet honneur que la plupart des rimes avec lesquelles le pays maintenant abonde . M. Mather a déclaré qu'il avait alors en sa possession le morceau d'écorce sur lequel M. Johnson avait écrit ; et, comme nous désirions le voir, il nous l'a apporté, et, comme nous ne pouvions pas bien distinguer l'écriture dessus, il l'a lu comme suit :

Ce lac solitaire, semblable à une mer, se trouve au milieu des montagnes,
et comme un verre montre leurs formes, ainsi que les nuages et les cieux.
Dieu y place les poutres de ses chambres, afin que toute sa puissance puisse
connaître, et tient dans son poing. les vents, sinon cela gâcherait le
spectacle.

L'Éternel a béni ce désert de prairies, de ruisseaux et de sources,
et l'a planté comme un jardin de choses vertes et en croissance; et a rempli
les bois de viandes saines, et l'air aussi de volailles, et a semé la terre de
fleurs et d'herbes, et des fruits d'une saveur rare.

Mais ici les nations ne le connaissent pas, et vont et viennent les jours,
sans une prière du matin pour Lui, ni un chant de louange le soir ; pour
avoir de quoi manger.

Ils dansent dans la honte et la nudité, avec d'horribles cris à entendre,
et comme les chiens ils font du bruit, ou des hiboux hurlent à proximité.
Chaque tribu, comme Michée, garde son prêtre ou son rusé Powah ;
Oui, des sorciers qui, comme eux d'autrefois, marmonnent et jettent un
coup d'œil.

Une race maudite et mauvaise, que Satan égare,
et lui vole l'espérance du Christ, par laquelle il les rend vraiment pauvres ; ils
prennent pour leurs dieux les eaux, les collines, les nuages et les étoiles ; car,
manquant de foi, ils ne croient que ce qu'ils voient.

Pourtant Dieu leur donne toujours son soleil et sa pluie,
et fait mûrir aussi tous leurs champs de récolte et leurs fruits agréables.
Pour eux, il fait que les cerfs et les élans, pour eux les poissons nagent, et
tous les oiseaux dans les bois et dans l'air sont de beaux cadeaux. de lui.

Oui, plus ; pour eux, comme pour nous-mêmes, Christ a payé une rançon,
et sur lui-même, leurs péchés et les nôtres, un fardeau commun a été
déposé. Par nature, vases de la colère de Dieu, c'est lui seul qui peut donner
aux Anglais ou aux Indiens sauvages la grâce par laquelle nous en direct.

Oh, prions pour que dans ces déserts l'Évangile puisse être prêché,
et que ces pauvres gentils des bois puissent par sa vérité être atteint; que les
rachetés, la bonne nouvelle puisse retentir avec joie à l'étranger, et que le
solitaire Aquedah puisse entendre les louanges du Seigneur. !

Le 18 mars.

Ma toux me dérangeait toujours, une vieille femme, venue hier, a tellement
exposé la valeur et la vertu d'un sirop de sa fabrication, que tante Rawson a
envoyé Effie chez la femme pour en chercher une bouteille. La femme resta
assise avec nous pendant un bon moment, étant un corps vif et parlant, bien
qu'elle ait maintenant près de quatre-vingts ans. Elle pouvait dire beaucoup
de choses sur les vieillards de Boston, car, ayant été dans sa jeunesse l'épouse
d'un homme de quelque notoriété et de quelque importance, et étant elle-
même une femme au foyer remarquable et de bons traits naturels, elle était
bien considérée par les gens les plus aisés. de personnes. Après être devenue
veuve, elle fut pendant quelque temps dans la famille du gouverneur
Endicott, à Naumkeag, qu'elle décrit comme un homme juste et bon, mais
extrêmement précis dans l'ordre de sa maison et d'un caractère fougueux en
plus. Lorsqu'il était mécontent, il tirait avec force sur la longue touffe de
cheveux qu'il portait sur le menton ; et un jour, alors qu'il était assis dans la
cour, il ôta son bonnet de velours et le jeta au visage de l'un des assistants,
qui professait des scrupules de conscience contre la mise à mort des Quakers.

"J'ai entendu dire que sa main était lourde sur ces gens", dis-je.

"Et cela pourrait bien être le cas", dit la vieille femme, car vous ne trouverez
jamais de promeneurs et de râleurs plus pestilents et plus provocants que ces
mêmes Quakers. Ils causèrent un tel ennui au gouverneur, que je crois que
ses jours en furent abrégés. Car ni la prison, ni le fouet, ni les oreilles coupées,
n'ont suffi à l'en débarrasser. Enfin, lorsqu'une loi fut votée par le Tribunal
général, les bannissant sous peine de mort, le gouverneur, revenant de
Boston, dit qu'il espérait maintenant avoir la paix dans la colonie, et que cette
rigueur garderait la terre libre de toute influence. ces troubles. Je me souviens
bien comment, le lendemain, il invita les ministres et les chefs, et dans quel
cadre agréable il se trouvait. Le matin, je lui avais raccommodé ses plus belles

culottes de velours, et il ne tarit pas d'éloges sur mon travail et me donna six shillings en plus de mon salaire ; et, me dit-il : « Goody Lake, » dit-il, « vous êtes une femme digne et vous vous souciez du bien de Sion et de la conduite ordonnée des affaires de l'Église et de l'État, et c'est pourquoi je sais que vous serez heureux d'apprendre qu'après beaucoup de temps et malgré les efforts de personnes mal intentionnées, le Tribunal général a adopté une loi pour chasser les Quakers de la juridiction, sous peine de mort ; afin que s'il y en a qui viennent après cela, leur sang soit sur leur tête. C'est contre cela que j'ai lutté avec le Seigneur pendant plusieurs mois, et je considère cela comme une grande délivrance et une faveur particulière ; oui, je peux vraiment dire, avec David : « Tu m'as donné le désir de mon cœur, et tu n'as pas retenu la prière de mes lèvres. Ta main découvrira tous tes ennemis ; tu les feras comme une fournaise ardente au temps de ta colère ; l'Éternel les enveloppera dans sa colère, et le feu les dévorera. » Vous trouverez ces mots, Goody Lake, dit-il, dans le Psaume 21, où ce qui est dit du Roi servira à ceux qui sont en autorité en ce moment. Car il faut savoir, jeune femme, que le Gouverneur était puissant dans l'Écriture, plus particulièrement dans ses prières, quand on pouvait croire qu'il avait tout à bout de langue.

"Il y avait ce jour-là un dîner célèbre chez le gouverneur, et de nombreux invités, et le gouverneur avait commandé dans sa cave du vin, qui était un cadeau d'un capitaine portugais, et d'une qualité rare, comme je le sais de ma propre dégustation, lorsque Le message fut envoyé au gouverneur qu'un homme désirait le voir, à qui il demanda d'attendre un peu. Après le dîner, il entra dans la salle, et qui devrait être là sinon Wharton, le Quaker, qui, sans retirer son chapeau, ou autre salutation, s'écria : " John Endicott, écoute la parole du Seigneur, dans la crainte et l'effroi de qui je suis venu. Toi et tes mauvais conseillers, les prêtres, avez encadré l'iniquité par la loi, mais cela ne vous servira à rien. " Ainsi parle l'Éternel : Le mal tuera les méchants, et ceux qui haïssent les justes seront désolés ! Or, quand le gouverneur entendit cela, il tomba, comme il fallait bien, dans une colère noire, et, me voyant près de la porte, il me ordonna d'appeler les domestiques de la cuisine, ce que je fis, et ils accoururent, il ordonna. Ils imposèrent la main à cet individu et l'emmenèrent ; puis, dans une grande colère, il appela son cheval, disant qu'il ne se reposerait pas avant d'avoir vu quarante coups, sauf un, infligés à ce maudit Quaker, et qu'il devait partir. à la potence pour son impertinence. Ils l'ont donc mis en prison, et le lendemain matin, il a été durement fouetté et sommé de quitter la juridiction.

Moi, curieux d'en savoir plus sur les Quakers, je lui ai demandé si elle avait déjà parlé avec l'un d'entre eux qui avait été traité par les autorités, et ce qu'ils avaient dit d'eux-mêmes.

"Oh, ils n'ont jamais manqué de paroles", dit-elle, "mais ils ont crié pour la liberté de conscience et contre la persécution, et ont prophétisé toutes sortes de malheurs contre ceux qui ont appliqué la loi. Vers l'année 56, là deux d'entre eux sont venus à Boston et ont apporté avec eux certains de leurs livres blasphématoires, que les agents ont brûlés dans la rue, comme je m'en souviens bien par ce signe, que, s'approchant du feu et voyant l'un des livres pas encore brûlé, je me suis penché pour le ramasser, lorsqu'un des agents de police m'a donné un coup de poing avec son personnel et l'a arraché. Les femmes envoyées à la prison, le sous-gouverneur, M. Bellingham et le conseil, pensant elles pourraient être des sorcières, si nous les faisions fouiller ; et Madame Bellingham nous nommant, moi et une autre femme, à son mari, il nous fit appeler et nous ordonna d'aller à la prison et de les fouiller, pour voir s'il y avait une marque de sorcière sur leurs Nous sommes donc allés leur raconter notre mission, ce qui ne les a pas peu étonnés , et l'une d'elles, une jeune femme bien favorisée, les a suppliés de ne pas les faire honte, car le geôlier se tenait debout. le temps passé dans la cour, à regarder la porte ; mais nous leur avons dit que tel était l'ordre, et ainsi, sans plus tarder, nous les avons déshabillés, mais nous n'avons rien trouvé à part un grain de beauté sur le sein gauche de son plus jeune, dans lequel Goodwife Page a enfoncé son aiguille, ce à quoi la femme a effectivement cédé. un cri comme de douleur, et le sang coula ; tandis que si c'était une marque de sorcière, elle n'aurait pas senti la piqûre, car cela aurait provoqué du sang. Alors, ne trouvant rien qui ressemble à de la sorcellerie, nous les avons laissés ; et après avoir été amené devant la Cour, le sous-gouverneur Bellingham nous a demandé ce que nous avions à dire concernant les femmes. Sur quoi Goodwife Page, étant la plus âgée d'entre nous, lui dit que nous n'avions trouvé aucune apparence de sorcière sur leurs corps, à l'exception du grain de beauté sur la poitrine de la plus jeune femme (ce qui n'était que naturel), mais qu'autrement elle était aussi belle qu'Absalom, qui avait aucune tache depuis la plante de ses pieds jusqu'au sommet de sa tête. Sur ce, le vice-gouverneur nous renvoya, disant qu'il se pouvait que le diable ne les veuille pas comme sorcières, parce qu'elles pourraient mieux lui servir comme quakers : de quoi toute la cour se mit à rire.

"Et que sont devenues les femmes ?" J'ai demandé.

"Ils les ont gardés en prison pendant un certain temps", a déclaré Nurse Lake, "puis les ont renvoyés en Angleterre. Mais les autres qui ont suivi ont eu un sort plus difficile, certains étant fouettés à la queue de la charrette, et d'autres perdant leurs oreilles. La femme du bourreau a montré m'a une fois coupé les oreilles de trois d'entre elles, que son mari a coupées le matin même en prison.

"C'est épouvantable !" dis-je, car je pensais à mon cher frère et à ma douce Margaret Brewster, et les larmes me remplirent les yeux.

"Non, mais c'étaient de robustes fripons et vagabonds", répondit Nurse Lake, "bien que l'un d'eux soit le fils d'un grand officier des Barbades et qu'il considérait comme un gentleman avant de se lancer dans ses mauvaises pratiques. Mais couper les oreilles n'arrêta pas ces gens entêtés, et ils continuèrent à venir, certains furent mis à mort. Il y en avait trois à pendre à la fois. Je m'en souviens bien, car c'était une journée claire et chaude vers la fin du mois d'octobre. et c'était un spectacle courageux à voir. Il y avait le maréchal Michelson et le capitaine Oliver, avec deux cents soldats à pied, en plus de nombreux chevaux de nos chefs de file, et parmi eux le ministre, M. Wilson, ressemblant à un saint comme il l'était, avec un visage agréable et joyeux, et une grande multitude de gens, hommes, femmes et enfants, non seulement de Boston, mais des villes des environs. Je suis arrivé tôt sur terre, et quand ils allaient à la potence, je Je me tenais aussi près que possible des condamnés : il y avait deux jeunes hommes fortunés et une femme aux cheveux gris. Tandis qu'ils marchaient main dans la main, la femme du milieu, le maréchal, qui chevauchait à côté d'eux et qui était un homme joyeux et drôle , lui demanda si elle n'avait pas honte de marcher main dans la main entre deux jeunes hommes ; sur quoi, le regardant solennellement, elle dit qu'elle n'avait pas honte, car c'était pour elle une heure de grande joie, et qu'aucun œil ne pouvait voir, aucune oreille entendre, aucune langue ne parler et aucun cœur comprendre, les doux revenus et les rafraîchissements . de l'esprit du Seigneur, qu'elle a alors ressenti. Elle dit cela à haute voix, afin que tout le monde puisse l'entendre, tandis que le capitaine Oliver ordonna aux tambours de battre et de noyer sa voix. Or, lorsqu'ils arrivèrent à l'échelle de potence, de chaque côté de laquelle se tenaient les officiers et les chefs, les deux hommes gardèrent leur chapeau, comme c'est le cas pour les mauvaises manières de leur espèce, qui provoquèrent tant M. Wilson, le ministre. qu'il leur cria : « Quoi ! Est-ce que des valets comme vous se présenteront devant l'autorité avec votre chapeau ? A quoi l'un d'eux a dit : « Attention, c'est pour ne pas avoir ôté notre chapeau que nous sommes mis à mort. Les deux hommes montèrent alors sur l'échelle et essayèrent de parler ; mais je ne pouvais pas entendre un mot, étant en dehors des soldats et très inquiet et inquiet de la foule. Ils furent aussitôt éteints, puis la femme monta sur l'échelle, et ils attachèrent ses manteaux jusqu'à ses pieds, et lui mirent le licou autour du cou, et, faute de mouchoir pour lui attacher le visage, le ministre prêta au bourreau son . Juste à ce moment-là, votre oncle Rawson arrive à cheval vers la potence, agitant la main et criant : « Arrêtez ! elle est graciée ! Alors ils l'ont fait tomber, même si elle a dit qu'elle était prête à mourir comme ses frères, à moins qu'ils n'annulent leurs lois sanglantes. J'ai entendu le capitaine Oliver lui dire que c'était pour le bien de son fils qu'elle avait été épargnée. Ils l'emmenèrent donc en prison, et après un certain temps la renvoyèrent chez son mari à Rhode Island, ce qui était une faveur qu'elle ne méritait en aucune façon ; mais le bon gouverneur Endicott, tout en abhorrant ces gens, ne recherchait pas leur vie et n'épargnait aucun effort pour les faire sortir paisiblement du pays ; mais c'était un équipage têtu, et il fallait nécessairement passer le cou au licou, comme le faisait cette même femme ; car, revenant sous prétexte de plaider pour l'abrogation des lois contre les Quakers, elle fut peu de temps après mise à mort. L'excellent M. Wilson a fait une courageuse ballade sur la pendaison, que j'ai entendu maintes fois chanter les garçons de la rue.

Un grand nombre d'hommes et de femmes furent « fouettés et mis au cerceau, » continua la femme, « et j'en vis un jour deux, l'une une jeune et l'autre une femme âgée, par une froide journée d'hiver. attachés à la queue d'une charrette, traversant Salem Street, nus jusqu'à la taille, aussi nus qu'ils étaient nés, et le dos tout couvert de marques de fouet rouges ; mais il y avait un cas plus pitoyable d'un certain Hored Gardner, un jeune marié. femme, avec un petit enfant et sa nourrice, qui, arrivant à Weymouth, fut arrêtée et envoyée à Boston, où tous deux furent fouettés, et, comme j'étais souvent à la prison pour voir la femme du gardien, il se trouva par hasard que je La femme, qui était jeune et délicate, lorsqu'on la déshabillait, tenait son petit enfant dans ses bras, et lorsque le geôlier l'arracha de son sein, elle regarda autour d'elle avec inquiétude et, me voyant, dit : "Bonne femme, je sais que tu n'as pas pitié du bébé", et m'a demandé de le tenir, ce que j'ai fait. Elle a ensuite été fouettée avec un triple fouet, avec des nœuds aux extrémités, qui lui ont tristement déchiré la chair. ; Et quand ce fut fini, elle s'agenouilla, le dos tout sanglant, et pria pour eux, elle les appela ses persécuteurs. Je dois dire que je l'ai eu beaucoup de pitié, et j'ai parlé à la femme du geôlier, et nous avons lavé le dos de la pauvre créature et lui avons appliqué un onguent célèbre, de sorte qu'elle a été bientôt guérie.

Tante Rawson arrivait maintenant, l'affaire était abandonnée ; mais, lorsque je lui en parlai après le départ de Nurse Lake, elle me dit que c'était une épreuve douloureuse pour beaucoup, même pour ceux qui détenaient l'autorité, et qui étaient chargés de mettre en vigueur les lois contre ces gens. Elle dit en outre que l'oncle Rawson et M. Broadstreet étaient très critiqués par les Quakers et leurs complices des deux côtés de l'eau, mais qu'ils n'avaient fait que leur devoir en la matière, et pour elle-même, elle avait toujours pleuré l'arrivée de ces gens, et il était heureux lorsque la Cour a libéré l'un d'entre eux. Lorsque la femme fut pendue, ma tante passa toute la journée avec Madame Broadstreet , qui était tellement bouleversée qu'elle fut obligée de se coucher, refusant d'être réconfortée et considérant que c'était le jour le plus lourd de sa vie.

« En regardant par la fenêtre de sa chambre, dit tante Rawson, j'ai vu les gens qui avaient été pendus revenir du terrain d'entraînement ; et quand Anne Broadstreet a entendu le bruit de leurs pas sur la route, elle a gémi : et dit qu'il semblait effectivement que tous les pieds lui tombaient sur le cœur. Bientôt,

M. Broadstreet rentra à la maison, emmenant avec lui le ministre, M. John Norton. Ils s'assirent dans la chambre, et pendant un petit moment il n'y eut presque aucun mot. Enfin, Madame Broadstreet , se tournant vers son mari et lui posant la main sur le bras, comme elle le faisait avec amour, lui demanda si tout était effectivement fini. « La femme est morte, dit-il ; mais je m'étonne, Anne. , de vous voir si troublé à son sujet. Son sang est sur sa propre tête, car nous n'avons en aucun cas cherché à sa vie. Elle a foulé aux pieds nos lois et a abusé de notre grande patience, de sorte que nous ne pouvions faire autrement que nous Ainsi, sous l'illusion du Diable, elle ne voulait pas qu'aucun ministre ou ancien prie avec elle à la potence, mais semblait se croire sûre du ciel, ne tenant aucunement compte des avertissements de M. Norton et d'autres personnes pieuses. .'

"'Est-ce qu'elle s'en est moquée ou a crié contre quelqu'un ?' » demanda sa femme. « Non, pas à mon avis, » dit-il, « mais elle se comportait comme quelqu'un qui n'avait fait aucun mal et qui croyait vraiment qu'elle avait obéi à la volonté du Seigneur.

« C'est très épouvantable », dit-elle, « et je prie pour que la mort de cette pauvre créature égarée ne nous pèse pas lourdement. »

" Sur ce, M. Norton releva sa tête, qui avait été baissée sur sa main ; et je n'oublierai jamais combien ses traits pâles et pointus semblaient plus pâles que d'habitude, et sa voix solennelle semblait plus grave et plus triste. " Madame ! " il dit : « Il conviendrait peut-être à votre douceur et à votre douceur de cœur de vous affliger des souffrances même des rebelles et des impies, lorsqu'ils sont retranchés de la congrégation du Seigneur, comme le prescrit sa loi sainte et juste, car en vérité moi aussi Je pouvais pleurer la condamnée, comme une femme et une mère, et depuis sa venue, j'ai lutté avec le Seigneur, dans la prière et dans le jeûne, afin d'être son instrument pour l'arracher à l'incendie comme un tison. en tant que gardien des murs de Sion, quand je l'ai vue jeter du poison dans les puits de la vie et attirer les âmes instables dans les pièges et les pièges de Satan, que devrais-je faire sinon sonner l'alarme contre elle ? Et le magistrat, tel en tant que votre digne époux, qui est également désigné par Dieu et déterminé à défendre la vérité et à la sécurité de l'Église et de l'État, que peut-il faire sinon exécuter fidèlement la loi de Dieu, qui est une terreur pour le mal ? La pitié naturelle que nous ressentons doit céder la place au devoir que nous devons chacun à Dieu et à son Église, ainsi qu'au gouvernement qu'il a désigné. C'est peu de chose que d'être jugé par le jugement d'un homme, car, même si certaines personnes n'ont pas hésité à me traiter de cruel et de cœur dur, le Seigneur sait que j'ai pleuré en secret sur ces hommes et ces femmes égarés.

"'Mais la vie ne pourrait-elle pas être épargnée ?' " a demandé Madame Broadstreet . " La mort est une grande chose. "

« « Il est réservé à tous de mourir », a déclaré M. Norton, « et après la mort vient le jugement. La mort de ces pauvres corps est une chose amère, mais la mort de l'âme est bien plus terrible ; et il vaut mieux que ces gens souffrent plutôt que de perdre des centaines d'âmes précieuses à cause de leur mauvaise communication. Le soin des chères âmes de mon troupeau repose lourdement sur moi, comme en témoignent de nombreuses nuits d'insomnie et de nombreux jours de jeûne. Je n'ai pas pris conseil. de chair et de sang dans cette grave affaire, ni n'ai cédé à la faiblesse naturelle de mon cœur. Et tandis que certains étaient pour épargner ces ouvriers d'iniquité, tout comme Saül a épargné Agag, j'ai été comme fortifié pour les mettre en pièces. devant le Seigneur à Guilgal. Ô madame, votre honoré époux peut vous dire quel travail spirituel, quelles douloureuses épreuves nous ont coûtés ces perturbateurs ; et comme vous le savez dans son cas, croyez aussi dans le mien, que ce que nous avons fait a été poussé, non pas par la dureté et la cruauté de cœur, mais plutôt par notre amour et notre tendresse envers l'héritage du Seigneur sur cette terre. A force de soucis et de chagrin , j'ai vieilli avant mon temps ; Les jours de mon pèlerinage ont été rares et mauvais, et la fin ne semble pas loin ; et bien que j'aie de nombreux péchés et défauts à répondre, j'espère humblement que le sang des âmes du troupeau qui m'a été confié ne se retrouvera pas alors sur mes vêtements.

" Ah ! moi ! Je n'oublierai jamais ces paroles de cet homme pieux, " continua ma tante, " car, comme il le disait, sa fin n'était pas loin. Il mourut très subitement, et les Quakers n'hésitèrent pas à dire que c'était Le jugement de Dieu fut sur lui pour sa conduite sévère envers leur peuple. Ils vont même jusqu'à dire que la terre autour de Boston est maudite à cause des pendaisons et des coups de fouet, dans la mesure où le blé ne poussera plus ici, comme autrefois, et En effet, beaucoup, qui ne sont pas de leur avis, croient la même chose. »

24 avril.

Un navire de Londres vient d'arriver au port, apportant les robes de Rebecca pour le mariage, qui aura lieu vers la mi-juin, à ce que j'ai entendu dire. Oncle Rawson m'a apporté une longue lettre de tante Grindall , avec une aussi d'Oliver, agréable et vivante, comme lui. Aucune nouvelle particulière de l'étranger dont j'ai entendu parler. Mon cœur aspire de plus en plus à la vieille Angleterre.

On suppose que les propriétaires fonciers ont choisi M. Broadstreet pour leur gouverneur. Le vote, dit mon oncle, est extrêmement restreint et très peu de gens s'en soucient.

Le 2 mai.

M. John Easton, un homme de quelque notoriété dans les plantations Providence, ayant eu l'occasion de visiter Boston hier, m'a apporté un message de mon frère, à l'effet qu'il était maintenant marié et installé, et qu'il désirait grandement que je fasse le voyage. chez lui en compagnie de son ami John Easton et de la sœur de sa femme. J'avais peur d'en parler à mon oncle, mais Rebecca l'a fait pour moi, et il y a, à ma grande joie, consenti ; car, en effet, il ne lui refuse rien. Ma tante craint pour moi que je souffre du froid, car le temps n'est pas du tout réglé, quoique la saison soit en avance par rapport à la précédente ; mais je prendrai bien soin de mes vêtements ; et John Easton dit que nous ne serons que deux nuits en route.

LES PLANTATIONS, 10 mai 1679.

Nous avons quitté Boston le 4, vers le lever du soleil, et avons continué notre route au trot vif, jusqu'à ce que nous arrivions aux rives de la rivière, le long de laquelle nous avons parcouru près d'un mile avant de trouver un gué convenable, et même là, l'eau était si grande. profonde que nous n'avons pu échapper à l'humidité qu'en remontant nos pieds jusqu'aux arçons. Vers midi, nous nous arrêtâmes chez un fermier, dans l'espoir de dîner ; mais la chambre était sale comme un wigwam indien, avec deux enfants dedans, malades de la rougeole, et la femme elle-même dans un état lamentable, et nous étions heureux de partir le plus tôt possible et de retrouver l'air frais. Tante m'avait fourni quelques gâteaux, et M. Easton, qui est un vieux voyageur , avait avec lui une volaille rôtie et une bonne miche de pain indien ; ainsi, arrivant à une source d'eau excellente, nous descendîmes de chevaux et, étalant nos serviettes sur l'herbe et les feuilles sèches, nous dînâmes confortablement. La sœur de John est veuve, une femme vive et joyeuse, et elle s'est avérée une compagnie rare pour moi. Ensuite, nous avons chevauché jusqu'à ce que le soleil soit sur le point de se coucher, lorsque nous sommes arrivés à une petite cabane au bord d'un large lac, à un endroit appelé Massapog . Il avait été autrefois habité par une famille blanche, mais il était maintenant vide et le toit très délabré, et alors que nous y arrivions, nous vîmes un animal sauvage quelconque sauter par l'une de ses fenêtres et courir. dans les pins. Ici, M. Easton a dit que nous devions nous efforcer de passer la nuit, car il y avait plusieurs kilomètres jusqu'à la maison d'un homme blanc. Alors, descendant de chevaux, nous entrâmes dans la cabane, qui n'avait qu'une seule pièce, avec des planches détachées pour plancher ; et comme nous étions assis là, au crépuscule, cela avait l'air assez lugubre ; mais bientôt M. Easton, arrivant avec une grande charge de branches séchées, alluma une lumière dans la cheminée en pierre, et nous allumâmes bientôt un feu crépitant. Sa sœur a cassé quelques branches de pruche près de la porte et en a fait un balai avec lequel elle a balayé le sol, de sorte que lorsque nous nous asseyions sur des blocs près du foyer, mangeant notre pauvre souper, nous nous trouvions tout à fait à l'aise et bien rangés. . C'était une nuit merveilleusement claire, la lune se levant, comme nous l'avons jugé, vers huit heures du matin , au-dessus des sommets des collines du côté est du lac, et brillant brillamment sur l'eau dans une longue ligne de lumière, comme si un pont d'argent avait été posé dessus. En regardant vers la forêt, nous pouvions voir les rayons de la lune, tombant çà et là à travers la cime épaisse des pins et des pruches, et montrant leurs hauts troncs, comme autant de piliers dans une église ou un temple. Il y avait un vent d'ouest qui soufflait, non pas régulièrement, mais en longues rafales, qui, résonnant de très loin à travers les feuilles des pins, faisait une musique solennelle et pas désagréable, que j'écoutais à la porte jusqu'à ce que le froid m'enfonce pendant quelques minutes. abri. Nos chevaux ayant été nourris avec du maïs que M. Easton avait emporté avec lui, étaient attachés à l'arrière du bâtiment, sous le couvert d'une épaisse végétation de pruches, qui servait à couper le vent de la nuit. La veuve et moi avions un lit confortable dans un coin de la chambre, que nous faisions de petits brins de pruche, ayant nos manteaux pour nous couvrir et nos sacoches pour oreillers. Mes compagnons s'endormirent bientôt, mais l'extrême étrangeté de ma situation me tint longtemps éveillé. Car, tandis que j'étais là, regardant vers le haut, je pouvais voir les étoiles briller dans un grand trou dans le toit, et le clair de lune ruisselant à travers les joints des bûches et se mêlant à la lueur rouge des charbons sur le foyer. J'entendais le piétinement des chevaux, juste à l'extérieur, et le bruit de l'eau au bord du lac, le cri des bêtes sauvages au fond des bois, et, par-dessus tout, le long et très merveilleux murmure des pins dans le vent. . Finalement, étant très fatigué, je m'endormis et ne me réveillai que lorsque je sentis le chaud soleil briller sur mon visage et que j'entendis la voix de M. Easton m'ordonnant de me lever, alors que les chevaux étaient prêts.

Après avoir roulé environ deux heures , nous arrivâmes à un camp indien, au milieu d'un épais bois d'érables. Il y avait là six wigwams spacieux ; mais les hommes étaient absents, sauf deux très vieux et infirmes. Il y avait cinq ou six femmes, et peut-être deux fois plus d'enfants, qui sont tous venus nous voir. Ils nous apportèrent de la viande séchée, dure comme des copeaux de bois, et dont, quoique affamée, je n'avais pas d'estomac ; mais j'achetai d'une des squaws deux gros gâteaux de sucre, faits avec la sève des érables qui y abondent, très purs et sucrés, et qui me servaient à la place de leur viande peu recommandable et des gâteaux de maïs pilé, dont M. Easton et sa sœur n'a pas hésité à y participer. En les quittant, nous avons fait un long et pénible voyage jusqu'à un endroit appelé Winnicinnit , où, à ma grande joie, nous avons trouvé une maison confortable et des chrétiens avec lesquels nous sommes restés. Le lendemain, nous arrivâmes aux Plantations ; et vers midi, du haut d'une colline, M. Easton montra le village où demeurait mon frère, une vallée belle et agréable, à travers laquelle coulait une petite rivière, avec les maisons des planteurs de chaque côté. Peu après, nous arrivâmes à une nouvelle maison à charpente, avec un grand chêne debout de chaque côté de la porte, et devant elle une large prairie qui s'étendait jusqu'à l'eau. Ici, M. Easton s'est arrêté ; et maintenant, qui devrait venir en toute hâte vers nous sinon ma nouvelle sœur, Margaret, dans sa robe simple mais avenante, m'accueillant gentiment ; et bientôt mon frère revint du pré, où il était occupé avec ses hommes. Ce fut en effet une joyeuse rencontre.

Le lendemain étant le Sabhath , je suis allé avec mon frère et sa femme à la réunion, qui s'est tenue dans une grande maison d'un de leurs voisins quakers. Une vingtaine de personnes graves et honnêtes s'y réunissaient, assises tranquillement et tranquillement pendant un joli moment, lorsque l'un d'entre eux, un homme vénérable, prononça quelques mots, principalement des Écritures ; puis une jeune femme qui, j'ai appris par la suite, avait été durement traitée par les habitants de Plymouth, a offert quelques mots d'encouragement et d'exhortation tirés de cette partie du 34e Psaume : « L'ange du Seigneur campe autour de ceux qui craignent. lui, et il les délivre . » Une fois la réunion terminée, certaines des anciennes femmes sont venues me parler gentiment et m'ont invité chez elles. Le soir, certaines de ces personnes vinrent chez mon frère et se montrèrent gentilles et aimantes envers moi. Il y avait néanmoins une gravité et une certaine régularité dans le comportement auxquelles je ne pouvais que difficilement me conformer, et je ne fus pas fâché quand ils prirent congé. Mon oncle Rawson n'a pas à craindre que je me joigne à eux ; car, bien que je les considère comme un peuple digne et pieux, je n'aime pas leur manière de adorer, et leur grande gravité et leur sobriété ne s'accordent guère avec mon caractère naturel et mon esprit.

16 mai.

Cet endroit est dans ce qu'on appelle le pays de Narragansett, et à environ vingt milles de la ville de Providence de M. Williams, un endroit non négligeable. M. Williams, qui est maintenant un homme âgé de plus de quatre-vingts ans, fut le fondateur de la province et est tenu en grande estime par le peuple, qui appartient à toutes les sectes et convictions, car le gouvernement ne dérange personne en adorant selon à la conscience; et c'est pourquoi vous verrez dans le même quartier des anabaptistes, des quakers, des lumières nouvelles, des brownistes , des antinomiens et des sociniens ; bien plus, on me dit qu'il y a aussi des papistes. M. Williams est baptiste, et partage principalement Calvin et Beza , en ce qui concerne les décrets, et a été un injurieux acharné contre les Quakers, bien qu'il les ait souvent mis à l'abri de la rigueur des magistrats de la baie du Massachusetts, qui, dit-il, n'ont aucun mandat de traiter des questions de conscience et de religion, comme ils l'ont fait.

Hier est venu le gouverneur du Rhode Island, Nicholas Easton, le père de John, avec sa plus jeune fille Mary, une personne aussi belle et aussi distinguée que j'en ai vue depuis bien des jours. Son père et elle-même rencontrent les « Amis », comme ils s'appellent eux-mêmes, dans leur grande maison de l'île, et le gouverneur y parle parfois, ayant, comme le dit de lui l'un des anciens d'ici, « un joli cadeau en le ministère." Mary, qui a à peu près l'âge de la femme de mon frère, voudrait nous persuader de retourner avec eux le lendemain dans l'île, mais les affaires de Léonard ne le permettent pas, et je ne perdrais en aucun cas sa compagnie pendant que je m'attarderais dans ces conditions. parties, car je suis si tôt sur le point de rentrer chez moi, où un grand océan nous séparera, cela pourrait prendre de nombreuses années. Margaret, qui a été dans l'île, dit que la maison du gouverneur est ouverte à tous les nouveaux arrivants, qui y sont reçus avec une rare courtoisie, étant un homme de substance, possédant une grande plantation, avec des vergers et des jardins, et un domaine majestueux. maison située sur une colline surplombant la mer de chaque côté, où, il y a six ans, lorsque le célèbre George Fox était sur l'île, il recevait et logeait pas moins de quatre-vingts personnes, outre sa propre famille et ses domestiques.

Le gouverneur Easton, qui est un bavard agréable, a raconté l'histoire d'un magistrat qui avait été un grand persécuteur de son peuple. Un jour, après avoir jeté en prison un digne Ami, il fit un rêve de cette façon : Il pensait qu'il se trouvait dans un endroit beau et délicieux, où se trouvaient de douces sources d'eau et de vertes prairies, et des arbres fruitiers et des vignes rares. avec des grappes mûres dessus, et au milieu coulait une rivière dont les eaux étaient plus claires que le cristal. De plus, il voyait une grande multitude marcher sur la rive du fleuve ou s'asseoir amoureusement à l'ombre des arbres qui y poussaient. Or, tandis qu'il était émerveillé par tout cela, il revoyait en rêve l'homme qu'il avait jeté en prison, assis, son chapeau sur la tête, à côté d'un ministre alors mort, que le magistrat avait tenu en grande estime de son vivant ; alors, sentant sa colère s'éveiller en lui, il alla droit et ordonna à l'homme d'ôter son chapeau en présence de ses supérieurs. Cependant, tous deux ne prêtèrent aucune attention à ses paroles, mais continuèrent à causer ensemble avec amour comme auparavant ; sur quoi il devint extrêmement en colère et aurait voulu imposer les mains sur cet homme. Mais, entendant une voix qui lui demandait de s'abstenir, il regarda autour de lui, et voici, un homme au visage brillant et vêtu de vêtements si blancs qu'il éblouissait ses yeux rien qu'en le regardant, se tenait devant lui. Et la forme disait : « Est-ce que tu ferais bien d'être en colère ? » Alors le magistrat dit : « Là-bas, il y a un Quaker avec son chapeau qui parle à un pieux ministre. » "Non," dit la forme, "tu ne vois qu'à la manière du monde et avec des yeux de chair. Regarde là-bas et dis-moi ce que tu vois ." Alors il regarda à nouveau, et voilà ! deux hommes vêtus de vêtements brillants, comme celui qui lui parlait, étaient assis sous l'arbre. "Dis-moi ", dit la forme, "si tu le peux, lequel des deux est le Quaker et lequel est le Prêtre ?" Et comme il ne le pouvait pas, mais restait stupéfait en avouant qu'il ne voyait ni l'un ni l'autre, la forme dit : "Tu as bien dit, car ici il n'y a ni prêtre ni quaker, ni juif ni gentil, mais tous sont un dans le Seigneur." Puis il se réveilla et réfléchit longuement à son rêve, et quand le matin fut venu, il se rendit immédiatement à la prison et ordonna que l'homme soit libéré, et depuis lors, il se porte avec amour vers les Quakers.

Les lignes de mon frère lui sont en effet tombées dans un endroit agréable. Sa maison est située sur le versant chaud d'une colline, regardant vers le sud-est, avec derrière elle un grand bois de chênes et de noyers, et devant elle plusieurs acres de terrain découvert, où autrefois les Indiens plantaient leur maïs, dont une grande partie est maintenant labouré et ensemencé. Du haut de la colline, on aperçoit les eaux de la grande baie ; au pied de celle-ci coule une petite rivière bruyamment sur les rochers, faisant un murmure continuel. En y allant ce matin, j'ai trouvé un grand rocher suspendu au-dessus de l'eau, sur lequel je m'assis, écoutant le bruit du ruisseau et la gaieté des oiseaux dans les arbres, et admirant les berges vertes parsemées de blanc et d'eau. fleurs jaunes. Je me souviens de cette douce fantaisie de la regrettée Anne Broadstreet , épouse du nouveau gouverneur du Massachusetts, dans un petit morceau qu'elle appelle « Contemplations », écrit sur les rives d'un ruisseau, semblable à celui par lequel j'étais alors assise, dans laquelle l'écrivain décrit d'abord les beautés du bois et de l'eau qui coule, avec les poissons brillants qui s'y trouvent, puis les chants des oiseaux dans les branches au-dessus de sa tête, dans ce vers doux et agréable que j'ai souvent entendu répété par la cousine Rébecca :

« Tandis que je réfléchissais ainsi, avec une contemplation nourrie,
et mille fantaisies bourdonnant dans mon cerveau, une chanteuse à la
langue douce se perchait au-dessus de ma tête, et chantait son air le plus
mélodieux ; qui me ravissait tant d'émerveillement et de plaisir, j'ai jugé mon
ouïe mieux que ma vue, Et m'a souhaité des ailes avec elle un moment pour
prendre mon envol.

"Ô joyeux oiseau, dis-je, qui ne craint aucun piège,
qui ne travaille ni n'amasse dans la grange, n'éprouve de pensées tristes, ni
de soucis cruels ,
pour gagner plus de bien , ou fuir ce qui pourrait te faire du mal.
Tes vêtements ne portent jamais , ta viande est partout,
ton lit une branche, ta boisson l'eau claire,
ne rappelle pas le passé, ni ce qui va arriver ne te fait peur.

"L'aube matinale avec des chants que tu empêches,
Envoie cent notes à ton équipage à plumes, Ainsi chacun accorde son joli
instrument, Et, gazouillant l'ancien, commence le nouveau. Et ainsi ils
passent leur jeunesse en été, Puis te suivent vers une région meilleure, où
l'hiver n'a jamais été ressenti par cette douce légion aérienne.

Maintenant, pendant que je réfléchissais à ces lignes, entendant un pas dans les feuilles, j'ai levé les yeux, et voici, il y avait un vieil Indien près de moi ; et, très effrayé, je poussa un grand cri et courus vers la maison. Le vieillard en rit et, m'appelant, me dit qu'il ne me ferait pas de mal ; et Léonard, entendant mes cris, me dit de ne jamais craindre l'Indien, car c'était une créature inoffensive, qu'il connaissait bien. Il salua donc gentiment le vieil homme, me demandant de lui serrer la main, ce que je fis lorsqu'il traversa le champ jusqu'à un petit endroit dégagé sur le flanc de la colline. Mon frère me faisant remarquer ses actes, je le vis se baisser à genoux, la tête contre terre, pendant un certain temps, puis, se levant, il étendit les mains vers le sud-ouest, comme pour implorer quelqu'un. que je ne pouvais pas voir. Il répéta cela pendant près d'une demi-heure, lorsqu'il revint à la maison, où il prit de la bière et du pain à manger, et un gros pain à emporter. Il ne dit que peu de choses jusqu'à ce qu'il se lève pour partir, lorsqu'il dit à mon frère qu'il était allé voir les tombes de son père et de sa mère, et qu'il était heureux de les retrouver comme il les avait laissées l'année dernière ; car il savait que les esprits des morts seraient profondément attristés si la houe de l'homme blanc touchait leurs os.

Mon frère lui promit que le lieu de sépulture de son peuple ne serait pas troublé et qu'il le retrouverait tel qu'il est aujourd'hui, lorsqu'il le visiterait de nouveau.

"Je ne reviendrai plus jamais", dit le vieil Indien. "Non. Umpachee est très vieux. Il n'a pas de squaw; il n'a pas de jeunes hommes qui l'appellent père. Umpachee est comme cet arbre;" Et il montra, tout en parlant, un bouleau qui se trouvait à l'écart dans le champ, dont l'écorce était tombée et qui ne montrait ni feuille ni bourgeon.

parla alors du grand Père des hommes blancs et rouges, et de son amour envers eux, et de la mesure de lumière qu'il avait donnée à tous les hommes, afin qu'ils puissent distinguer le bien du mal, et en vivant dans obéissance à laquelle ils pourraient être heureux dans cette vie et dans celle à venir ; l'exhortant à placer sa confiance en Dieu, qui a pu le réconforter et le soutenir dans sa vieillesse, et à ne pas suivre les Powahs menteurs , qui l'ont trompé et induit en erreur.

"Le discours de mon jeune frère est bon", dit le vieil homme. "Le Grand Père voit que sa peau est blanche et que la mienne est rouge. Il voit mon jeune frère quand il est assis dans sa maison de prière, et moi quand je lui offre du maïs et de la chair de cerf dans les bois, et il dit bien. Les gens d'Umpachee sont tous allés au même endroit. Si Umpachee va dans une maison de prière, le Grand Père l'enverra chez l'homme blanc, et son père, sa mère et ses fils ne le verront jamais dans leur terrain de chasse. Non . Umpachee est un vieux castor qui est assis dans sa propre maison et nage dans son propre étang. Il restera où il est jusqu'à ce que son père l'appelle.

En disant cela, le vieux sauvage reprit son chemin. Alors qu'il sortait de la vallée et atteignait le sommet de la colline de l'autre côté, nous, le regardant, le vîmes immobile un moment, comme s'il faisait ses adieux aux tombes de son peuple.

Le 24 mai.

Mon frère m'accompagne demain en route pour Boston. Je ne suis pas un peu réticent à quitter ma chère sœur Margaret, qui m'a grandement conquis par sa douceur et son comportement aimant, et qui le fait à tout moment, même lorsqu'elle est au travail pour régler ses affaires domestiques, et au milieu des soucis et des perplexités de sa nouvelle vie, révèle cette douceur d'humeur et cette simplicité qui m'ont charmé lorsque je l'ai vue pour la première fois. Elle a naturellement un esprit ingénieux et, depuis qu'elle a connu mon frère, elle s'est plongée dans celles de ses études et lectures dans lesquelles elle avait le loisir et la liberté de s'engager, de sorte que sa conversation n'est en aucune façon indigne de sa condition. Elle n'affecte pas non plus, comme certains de ses gens, surtout les plus simples et les plus ignorants , un regard douloureux et mélancolique et un ton de discours incliné, mais ne manque pas de gaieté et d'une certaine aisance et grâce naturelles dans l'attitude ; et la chaleur et la bonté de son cœur brisent parfois le calme habituel de son visage, comme le soleil et le vent sur une eau calme, et elle a le plus doux sourire que j'aie jamais vu. J'ai souvent pensé, depuis que je suis avec elle, que si oncle Rawson pouvait la voir et l'entendre comme je le fais pendant un seul jour, il avouerait que mon frère aurait pu faire pire que de prendre une Quaker pour femme.

BOSTON, le 28 mai 1679.

Grâce à la miséricorde de Dieu, je suis arrivé ici sain et sauf, évitant une grande lassitude et le chagrin de me séparer de mon frère et de sa femme. Le premier jour, nous sommes allés jusqu'à un endroit qu'ils appellent Rehoboth, où nous avons passé la nuit , n'y trouvant que peu de réconfort ; car la maison était si remplie que Léonard et un ami qui nous accompagnait durent rester toute la nuit dans la grange, sur la pelouse, devant leurs chevaux ; et, pour ma part, je devais choisir entre m'allonger dans la grande pièce où logeaient l'homme de la maison, sa femme et ses deux fils, des hommes adultes, ou monter dans le grenier sombre, où il y avait à peine de la place pour dormir. un lit, que j'ai choisi en dernier lieu, bien que la femme ait trouvé cela étrange et ne soit pas peu étonnée de mon refus de dormir dans la même chambre avec son mari et ses garçons, comme elle les appelait. Le soir, entendant des voix fortes dans une maison voisine , nous avons demandé ce que cela signifiait, et on nous a dit que des gens de Providence y tenaient une réunion, le propriétaire de la maison étant considéré comme un Quaker. Sur quoi, j'y suis allé avec Léonard, et j'ai trouvé près d'une vingtaine de personnes rassemblées, ainsi qu'un homme aux cheveux dénoués et à la barbe qui leur parlait. Mon frère m'a murmuré qu'il n'était pas un ami, mais un râleur réputé , un homme bruyant et instable. Il criait extrêmement fort, frappait du pied et écumait à la bouche, comme quelqu'un possédé d'un mauvais esprit, criant contre tout ordre dans l'État et dans l'Église, et déclarant que le Seigneur avait une controverse avec les prêtres et les magistrats, les prophètes qui prophétisent faussement, et les prêtres qui gouvernent par leurs moyens, et les gens qui aiment qu'il en soit ainsi. Il a parlé des Quakers comme d'un peuple tendre et plein d'espoir à ses débuts, et alors que le bras des méchants pesait sur eux ; mais maintenant il dit qu'eux, comme les autres, étaient installés dans un ordre mort, qu'ils accumulaient les biens du monde et qu'ils disaient du mal des messagers du Seigneur. Ils faisaient partie de Babylone et périraient avec leurs idoles ; ils devraient boire du vin de la colère de Dieu ; le jour de leur visite était proche. Après avoir continué ainsi pendant un moment, se lève une grande femme à l'air sauvage, pâle comme un fantôme et tremblante de la tête aux pieds, qui, étendant ses longs bras vers l'homme qui avait parlé, ordonna au peuple d'en prendre note. que c'était l'ange dont parle l'Apocalypse, volant au milieu du ciel et criant : Malheur ! malheur! aux habitants de la terre ! avec encore d'autres diatribes méchantes du même genre, dont je n'étais pas un peu dérangé, et, faisant signe à mon frère, je les laissai écumer leur honte sur eux-mêmes.

Le lendemain matin, nous sommes montés à cheval de bonne heure et, après une longue et dure promenade, nous sommes arrivés chez M. Torrey à Weymouth, environ une heure après la tombée de la nuit. Ici, nous avons trouvé la cousine Torrey au lit avec son deuxième enfant, un garçon, ce dont son mari n'est pas peu réjoui. Mon frère ici présent m'a pris congé et est retourné aux Plantations. Mon cœur est vraiment triste et lourd du grand chagrin de me séparer.

30 mai.

Je suis allé à la réunion du Sud aujourd'hui pour entendre le sermon prêché devant le vénérable gouverneur, M. Broadstreet , et le Conseil de Sa Majesté, car c'est le jour des élections. C'était un long sermon, d'Esther X. 3. Il y avait beaucoup à dire sur le devoir des magistrats de soutenir l'Évangile et ses ministres, et de mettre fin au schisme et à l'hérésie. Très pointé également contre les magistrats en exercice.

1 juin.

M. Michael Wigglesworth, le ministre de Malden , chez son oncle hier soir. M. Wigglesworth a dit à sa tante qu'il avait prêché un sermon contre le port des cheveux longs et autres vanités similaires, qui, espérait-il, avec la bénédiction de Dieu, pourraient faire du bien. C'était d'Isaïe iii. 16, et ainsi de suite jusqu'à la fin du chapitre. Maintenant, pendant qu'il parlait du sermon, j'ai murmuré à Rebecca que j'aimerais lui poser une question, ce qu'il a entendu, s'est tourné vers moi et m'a dit de ne jamais y prêter attention, mais de parler. Je lui ai donc dit que je n'étais qu'un enfant en termes d'âge et de connaissances, et que lui était un homme sage et instruit ; mais s'il ne le jugeait pas évident en moi, j'aimerais savoir si l'Écriture prescrit quelque part la manière particulière de se coiffer.

M. Wigglesworth dit qu'il existe certaines règles générales établies, dont nous pourrions appliquer correctement à des cas particuliers. Le port des cheveux longs par les hommes est expressément interdit dans 1 Corinthiens xi. 14, 15 ; et il y a aussi un mot spécial pour les femmes dans 1 Tim. ii. 9.

Sur ce, tante Rawson m'a dit qu'elle pensait que j'avais bien répondu ; mais moi (insensé que j'étais), ne voulant pas abandonner ainsi l'affaire, j'ai osé dire en outre qu'il y avait les Nazaréens, dont il est question dans Nombres VI. 5, sur la tête duquel, par la nomination de Dieu, aucun rasoir ne devait venir.

"Non," dit M. Wigglesworth, "cela a été fait par rendez-vous spécial seulement, et cela prouve la règle et la pratique générales."

L'oncle Rawson a déclaré que les cheveux longs pouvaient, estimait-il, être légalement portés, là où la santé physique l'exigeait, pour protéger le cou des personnes faibles du froid.

" Là où la nature semble clairement en avoir besoin ", a déclaré M. Wigglesworth, " pour des raisons de confort corporel et de chaleur de la tête et du cou, il n'est en aucun cas illégal. Mais pour des jeunes gens sains et robustes, cette excuse pour leur vanité pécheresse ne fait qu'ajouter à leur condamnation. Si un homme va au-delà du rendez-vous de Dieu et du confort de la nature, je ne sais pas où il s'arrêtera, jusqu'à ce qu'il devienne le plus véritable voyou du monde. C'est une chose gratuite et honteuse pour un homme de se comparer à une femme, en laissant pousser ses cheveux, en les frisant et en les séparant en une couture, comme c'est la manière de trop de gens. Cela témoigne de l'orgueil et de la vanité, et ne cause pas une petite offense. aux gens pieux et sobres.

« Le temps est venu, » continua M. Wigglesworth, « où le peuple de Dieu avait honte de telles vanités, tant dans son pays d'origine que dans ces régions ; mais depuis que les évêques et les papistes ont eu ce qu'ils voulaient, et que ceux qui craignent Dieu sont abandonné de l'autorité, pour céder la place aux moqueurs et aux dévergondés, il y a eu un triste changement.

Il parla en outre des vêtements gais des jeunes femmes de Boston, et de leur manque de simplicité et de modestie dans la manière de se porter et de se coiffer ; et dit qu'il ne pouvait en aucune façon être d'accord avec certains de ses frères dans le ministère selon lesquels c'était une question légère, dans la mesure où il ressortait très clairement de l'Écriture que l'orgueil et l'orgueil des filles de Sion provoquaient les jugements du Seigneur, non seulement sur eux, mais aussi sur les hommes. Or, le péché spécial des femmes est l'orgueil et l'orgueil, et cela parce qu'elles sont généralement plus ignorantes, étant le vaisseau le plus faible ; et ce péché se manifeste dans leurs gestes, leurs cheveux et leurs vêtements. Or, Dieu abhorre tout orgueil, particulièrement l'orgueil des choses viles ; et c'est pourquoi la conduite des filles de Sion provoque grandement sa colère, premièrement contre elles-mêmes, deuxièmement contre leurs pères et maris, et troisièmement contre le pays qu'elles habitent.

Rebecca me pinça malicieusement le bras, disant à part qu'après tout, nous, les vaisseaux les plus faibles, semblions avoir une grande importance, et que personne ne pouvait dire que nos coiffures prouveraient encore la ruine du pays.

4 juin

Robert Pike, arrivant au port avec son sloop, en provenance du pays des Pemaquid , nous a vu hier. Il a dit que depuis son arrivée en ville, il avait vu un homme de Newbury, qui lui avait dit que le vieux M. Wheelwright, de Salisbury, le célèbre ministre de Boston à l'époque de Sir Harry Vane et de Madame Hutchinson, était maintenant malade et proche de son fin. De plus, Goodman Morse a été tellement paralysé par une chute dans sa grange qu'il ne peut pas se rendre à Boston pour le procès de sa femme, ce qui est une affliction douloureuse pour lui. Le procès de la sorcière est en cours, et oncle dit que cela lui semble très défavorable, en particulier le témoignage de la veuve Goodwin au sujet de son enfant et celui de John Gladding qui a vu la moitié du corps de Goody Morse voler au soleil. comme si elle avait été coupée en deux, ou comme si le Diable lui avait caché la partie inférieure. Robert Pike a déclaré qu'un tel témoignage ne devrait pas pendre un chat, la veuve n'étant guère plus qu'une imbécile ; et quant au camarade Gladding, il était sans aucun doute dans ses tasses, car il l'avait souvent vu dans une telle situation qu'il n'aurait pas pu parler à Goody Morse de la reine de Saba.

8 juin.

La femme Morse ayant été reconnue coupable par la Cour des Assistants, elle a été amenée au North Meeting, pour entendre la conférence du jeudi, hier, avant de recevoir sa sentence. La maison était remplie de monde, curieux de voir la sorcière. Le maréchal et les connétables la firent entrer et la déposèrent devant la chaire ; la vieille créature regardait autour d'elle d'un air sauvage, comme si elle avait besoin de son esprit, puis se couvrait le visage de ses mains sombres et ridées ; un spectacle lamentable ! Le ministre a pris son texte dans Romains XIII. 3, 4, en particulier la dernière clause du 4ème verset, relative aux dirigeants : Car il ne porte pas l'épée en vain, etc. Il a insisté sur le pouvoir du dirigeant en tant que ministre de Dieu et en tant que vengeur pour exécuter la colère contre celui qui fait le mal ; et montre que le châtiment des sorcières et autres alliances avec le diable est l'un des devoirs expressément imposés aux dirigeants par la Parole de Dieu, dans la mesure où il ne fallait pas laisser une sorcière vivre.

Il s'adressa ensuite solennellement à la condamnée, citant 1 Tim. v. 20 : « Ceux qui pèchent, réprimandez-les devant tous, afin que d'autres aussi aient peur. » La femme fut très émue, car sans aucun doute les paroles acerbes du prédicateur piquèrent sa mauvaise conscience, et les terreurs de l'enfer s'emparèrent d'elle, de sorte qu'elle fut emmenée, paraissant à peine vivante. Ils l'emmenèrent, une fois la conférence terminée, à la Cour, où le gouverneur prononça contre elle une condamnation à mort. Mais mon oncle me dit qu'il y en a beaucoup qui s'efforcent de lui donner un répit pendant un certain temps, au moins, et il est lui-même enclin à y être favorable, d'autant plus que Rebecca a beaucoup travaillé avec lui à cette fin, tout comme le major Pike et le major Saltonstall . avec le gouverneur, qui a lui-même envoyé chercher mon oncle la nuit dernière, et ils ont eu une longue conversation ensemble et ont examiné le témoignage contre la femme, et aucun des deux n'en a été entièrement satisfait. M. Norton conseille la pendaison ; mais M. Willard, qui a beaucoup vu cette femme et qui a prié avec elle dans la prison, pense qu'elle peut être innocente en matière de sorcellerie, dans la mesure où sa conversation était telle qu'elle pourrait devenir une personne pieuse dans l'affliction, et que le la lecture des Écritures semblait la réconforter grandement.

9 juin.

L'oncle Rawson étant à la prison aujourd'hui, un messager avait été envoyé chez la fille de Goody Morse, qui est l'épouse d'un certain Hate Evil Nutter , sur le Cocheco , pour lui dire que sa mère désirait grandement la voir. une fois de plus, avant d'être pendue, en entrant, il dit à la condamnée que sa fille lui avait ordonné de lui dire que dans la mesure où elle s'était vendue au diable, elle ne lui devait plus d'amour ni de service et qu'elle ne pouvait pas se plaindre. car comme elle avait fait son lit, elle devait mentir. Alors la vieille créature poussa un cri misérable, disant que se retourner contre elle était plus amer que la mort elle-même. Et elle supplia M. Willard de prier pour elle, afin que sa confiance dans le Seigneur ne soit pas ébranlée par cette nouvelle affliction.

10 juin.

La femme condamnée a bénéficié d'un sursis accordé par le Gouverneur et les Magistrats jusqu'à la séance du Tribunal en octobre. De nombreuses personnes, hommes et femmes, venant des villes sur le point d'assister à la pendaison, sont très déçues et condamnent avec véhémence la conduite du gouverneur dans cette ville. Pour ma part, je me réjouis vraiment que la miséricorde ait été témoignée à la pauvre créature ; car même si elle est coupable, cela lui donne un moment pour se repentir ; et si elle est innocente, cela sauve le pays d'un grand péché. Depuis lors, le regard triste de la vieille créature à la conférence m'a troublé, tant elle semblait abandonnée et abandonnée. Le major Pike (le père de Robert), venant ce matin, dit qu'en plus d'avoir épargné la vie de Goody Morse, cela lui a fait plaisir de voir la populace assoiffée de sang ainsi trompée de sa diversion ; par exemple, il y avait Goody Matson, qui avait monté dos nu, faute de selle, depuis Newbury, sur le cheval au trot dur de Deacon Dole, et en était si écorchée et boiteuse qu'elle pouvait à peine marcher. Le major a déclaré qu'il l'avait rencontrée hier au bout de King Street, avec une demi-douzaine d'autres de son espèce, grondant et injuriant le sursis accordé à la sorcière, et prophétisant des jugements terribles sur tous ceux qui étaient concernés. Il a dit qu'il lui avait dit de fermer la bouche et de rentrer chez elle, là où elle appartenait ; lui disant que s'il entendait encore ses injures, les magistrats devraient en être informés, et elle découvrirait que se coucher par les talons dans les ceps était pire que monter le cheval du diacre Dole.

14 juin.

Hier, le mariage a eu lieu. C'était une décision extrêmement courageuse ; la plupart des familles anciennes et honorées y étaient, de sorte que la grande maison où habite mon oncle était très remplie. Parmi eux se trouvaient le gouverneur Broadstreet et plusieurs des honorables magistrats, avec M. Saltonstall et sa digne dame ; M. Richardson, le ministre de Newbury , se joignant aux deux mariés, d'une manière très solennelle et affectueuse. Sir Thomas était richement vêtu , comme il convenait à un homme de son rang , et Rebecca, dans sa soie blanche, avait l'air belle comme un ange. Elle portait le col de dentelle que j'avais confectionné pour elle l'hiver dernier, pour mon bien, même si je crains qu'elle n'en ait de plus jolis de sa propre confection. La journée était humide et sombre, avec un vent d'est soufflant en grandes rafales de la baie, extrêmement froid pour la saison.

Rebecca, ou Lady Hale, comme on l'appelle maintenant, avait invité Robert Pike à son mariage, mais il lui envoya une excuse pour ne pas venir, à savoir que des affaires urgentes l'appelaient dans l'est du pays jusqu'à Monhegan et Pemaquid . Sa lettre, qui était pleine de bons vœux pour son bonheur et sa prospérité, j'ai beaucoup remarqué Rébecca attristée ; et elle était d'ailleurs quelque peu troublée par certaines choses qui se sont produites hier : le grand miroir de la salle étant gravement brisé, et les armes de la famille suspendues au-dessus de la cheminée renversées, de sorte qu'elles ont été brûlées par les charbons allumés sur la cheminée. foyer, à cause de l'humidité ; qui étaient considérés comme de mauvais signes par la plupart des gens. Grindall , un jeune irréfléchi, raconta à sa sœur que les bras avaient été brûlés et qu'il ne restait rien d'autre que la tête du corbeau dans la crête, à laquelle elle devint très pâle, et dit que c'était étrange, en effet, et, se tournant vers moi, m'a demandé si j'avais confiance en ce qui était dit sur les signes et les pronostics. Aussi, la voyant troublée, j'en ris, bien que je considérais secrètement cela comme un mauvais présage, d'autant plus que je n'ai jamais pu admirer grandement Sir Thomas. La femme de mon frère, qui semblait pleinement persuadée qu'il était une personne indigne, a envoyé par moi un message à Rébecca à cet effet ; mais je n'eus pas le courage d'en parler, tant les choses étaient allées si loin, et l'oncle et la tante semblaient si déterminés à faire de leur fille une grande dame.

Le navire dans lequel nous devons faire notre passage est presque prêt à prendre la mer. L'écorce est de Londres, appelée « Les Trois Frères », et est commandée par une vieille connaissance de l'oncle Rawson. Je suis heureux à l'idée de rentrer chez moi, mais, à mesure que l'heure du départ approche, j'avoue quelques regrets de quitter ce pays, où j'ai été si gentiment soigné et diverti, et où j'ai vu tant de choses nouvelles et des choses étranges. Les grands bois solennels, aussi sauvages et naturels qu'ils l'étaient il y a des milliers d'années, les soleils féroces de l'été et les grandes neiges de l'hiver, les bêtes sauvages et les Indiens païens, voilà des choses dont le souvenir restera gravé dans la mémoire. reste avec moi. Aujourd'hui, le temps est de nouveau clair et chaud, le ciel est merveilleusement lumineux ; les feuilles vertes flottent au vent et les oiseaux chantent doucement. Les eaux de la baie, encore troublées par la tempête de la nuit dernière, se brisent en écume blanche sur les rochers du continent et sur les îlots couverts d'arbres et de vignes ; et de nombreux bateaux et sloops partant avec le vent d'ouest pour aller à la pêche, montrent leurs voiles blanches au large. Comme j'aurais aimé avoir l'habileté de dresser le tableau de tout cela pour mes amis anglais ! Mon cœur est peiné en le regardant, à la pensée qu'au bout de quelques jours je ne le reverrai plus.

18 juin.

Demain, nous embarquons pour la maison. J'ai écrit une longue lettre à mon cher frère et à ma chère sœur, ainsi qu'une à mes cousins d'York. M. Richardson vient de nous quitter, après avoir fait tout le chemin de Newbury pour le mariage. L'excellent gouverneur Broadstreet a envoyé ce matin à Lady Hale un bel exemplaire du livre de sa première femme, intitulé « Plusieurs poèmes d'une gentille femme de la Nouvelle-Angleterre », avec ces mots sur la page blanche, tirés des Proverbes XXXI. 30, "Une femme qui craint le Seigneur, elle sera louée", écrit de la main du gouverneur. Tous les grands gens d'ici n'ont pas manqué de rendre visite à ma cousine depuis son mariage ; mais je pense qu'elle est plus contente de certaines visites qu'elle a reçues de pauvres veuves et d'autres qui ont été autrefois soulagées et réconfortées par sa charité et sa bonté, la gratitude de ces personnes l'affectant jusqu'aux larmes. En vérité, on peut dire d'elle, comme de Job : « Quand l'oreille l'entendait, elle la bénissait, et quand l'œil la voyait, il lui rendait témoignage, parce qu'elle délivrait les pauvres qui criaient, et les orphelins, et celui qui

pleurait. n'avait personne pour l'aider. La bénédiction de celui qui était prêt à
périr tomba sur elle, et elle fit chanter de joie le cœur de la veuve.
[Ici, le journal se termine un peu brusquement. Il semble que certaines des
dernières pages aient été perdues. En annexe du manuscrit, je trouve une
note, d'une autre écriture, signée « RG », datée du presbytère de Malton ,
1747. Un certain Rawson Grindall , MA, était vicaire de Malton à cette date,
et les initiales sont sans aucun doute les siennes. La triste suite de l'histoire
de la foire Rebecca Rawson est confirmée par des documents maintenant
conservés à la State-House de Boston, dans lesquels elle est décrite comme «
l'une des jeunes femmes les plus belles, les plus polies et les plus accomplies
de Boston ». -Éditeur.]
"Ces papiers de ma grand-mère honorée et pieuse, Margaret Smith, qui, peu
après son retour de la Nouvelle-Angleterre, épousa son cousin, Oliver
Grindall , Esq., de Hilton Grange, Crowell, dans l'Oxfordshire (tous deux
mariés au cours des dix dernières années ans ont quitté cette vie, grandement
déplorée par tous ceux qui les ont connus), étant entrée en ma possession,
j'ai pensé qu'il n'était pas inutile d'y ajouter un récit de ce qui est arrivé à son
amie et cousine, comme j'en ai souvent reçu l'histoire d'elle. propres lèvres.
"Il semble que le brave galant se faisant appeler Sir Thomas Hale, malgré
toute son belle adresse bouillonnante et belle, n'était qu'un fripon et un
imposteur, trompant avec une abominable méchanceté Rebecca Rawson et
la plupart de ses amis (même si ma grand-mère n'a jamais été satisfaite de lui,
comme on le voit dans son journal). Lorsqu'ils arrivèrent à Londres, désireux,
à cause du mal de mer et d'une grande lassitude, de quitter le navire le plus
tôt possible, ils descendirent à terre chez un parent pour y loger, laissant leurs
malles et leurs vêtements à bord. Tôt le lendemain matin, celui qui se faisait
appeler Sir Thomas quitta sa femme, emportant avec lui les clés de ses malles,
lui disant qu'il les ferait monter du navire à temps pour qu'elle puisse s'habiller
pour le dîner. Les malles arrivèrent, comme il le disait, mais après avoir
attendu impatiemment les clés jusqu'à l'heure du dîner, et que son mari ne
revenant pas, elle les fit ouvrir et, à son grand chagrin et à son grand
étonnement, n'y trouva rien d'autre que des copeaux et autres. Son parent
commanda immédiatement sa voiture et l'accompagna à l'auberge où ils
s'arrêtèrent pour la première fois en débarquant du navire, où elle s'enquit de
Sir Thomas Hale. Le propriétaire lui a dit qu'il existait un tel gentleman, mais
il ne l'avait pas vu depuis plusieurs jours. — Mais il était chez vous hier soir,
dit la jeune femme étonnée. «C'est mon mari et j'étais avec lui.» Le
propriétaire a alors déclaré qu'un certain Thomas Rumsey était chez lui, avec
une jeune femme, la nuit précédente, mais qu'elle n'était pas son épouse
légitime, car il en avait déjà une dans le Kent. A cette étonnante nouvelle, la
malheureuse femme s'évanouit carrément et, ramenée chez son parent, elle
resta gravement malade pendant plusieurs jours, période pendant laquelle,
par des lettres de Kent, il fut assuré que ce Rumsey était un jeune dépensier

sans grâce, qui avait quitté sa femme et ses deux enfants trois ans auparavant et s'était rendu dans des régions inconnues.

"Ma grand-mère, qui la veillait affectueusement et la consolait dans sa grande affliction, m'a souvent raconté qu'en revenant à elle, sa pauvre cousine disait que c'était un juste jugement sur elle, pour son orgueil et sa vanité, qui l'avaient conduite Elle lui a demandé de rejeter des hommes dignes pour un homme de grande apparence et de grandes prétentions, qui n'avait aucun mérite solide à se vanter. Elle avait péché contre Dieu et avait déshonoré sa famille en le choisissant. Elle a supplié que son nom ne soit plus jamais mentionné dans son ouïe, et qu'elle pourrait seulement être connue comme une parente pauvre de ses parents anglais, et trouver un foyer parmi eux jusqu'à ce qu'elle puisse chercher un emploi pour subvenir à ses besoins, car elle ne pouvait pas songer à retourner à Boston pour devenir la la risée des irréfléchis et le reproche de la famille de son père.

"Après le mariage de ma grand-mère, Rebecca a été amenée à vivre avec elle pendant quelques années. Ma grand-tante, Martha Grindall , une ancienne célibataire, aujourd'hui vivante, se souvient bien d'elle à cette époque, la décrivant comme une jeune femme au caractère doux. et d'un caractère doux, et très aimé de tous les membres de la famille. Son père, apprenant ses malheurs, lui écrivit, l'invitant gentiment à retourner dans la Nouvelle-Angleterre et à vivre avec lui, et elle résolut enfin de le faire. Mon grand-oncle Robert, ayant un bureau sous le gouvernement à Port Royal, dans l'île de la Jamaïque, elle sortit avec lui, avec l'intention de naviguer de là vers Boston. De là, elle écrivit à ma grand-mère une lettre que je que j'avais également en ma possession, l'informant de son arrivée saine et sauve et qu'elle avait vu un vieil ami, le capitaine Robert Pike, que ses affaires l'avaient appelé sur l'île, qui avait été très gentil et prévenant dans ses attentions envers elle, lui offrant de la ramener chez elle sur son navire, qui devait appareiller dans quelques jours. Elle mentionne, dans un post-scriptum de sa lettre, qu'elle a trouvé le capitaine Pike beaucoup amélioré dans son apparence et ses manières, — un vrai gentleman naturel ; et elle n'oublie pas de remarquer qu'il était toujours célibataire. Elle ne s'était pas sentie disposée, disait-elle, à accepter son offre de passage chez elle, se considérant indigne de telles courtoisies de sa part ; mais il avait tellement insisté, qu'elle y avait, non sans quelques réserves, consenti.

"Mais ce n'était pas selon l'impénétrable sagesse de la Providence qu'elle devait jamais être restaurée dans la maison de son père. Parmi les victimes du grand tremblement de terre qui détruisit Port-Royal quelques jours après la date de sa lettre, se trouvait cette malheureuse dame. Ce fut un coup dur pour ma grand-mère, qui nourrissait pour sa cousine la plus tendre affection, et en effet, elle semble en avoir été digne en tous points , belle de personne, aimable de maintien, et d'une nature généreuse et noble. Elle avait, surtout après ses grands ennuis, une habitude d'esprit quelque peu pensive et sérieuse, contrastant avec l'espièglerie et la légèreté innocente de sa jeunesse, telles que décrites dans le journal de ma grand-mère, et pourtant elle était toujours prête à s'oublier dans s'occupant du bonheur et des plaisirs des autres. Elle n'était pas, comme je l'apprends, membre de l'Église, ayant quelques scrupules à l'égard des rituels, comme cela était naturel de par son éducation en Nouvelle-Angleterre, parmi les schismatiques puritains ; mais elle vécut une vie pieuse, et sa piété tranquille et sans ostentation illustre la vérité du langage de l'un des plus grands de nos religieux, l'évêque de Down et Connor. « La prière est la paix de notre esprit, le calme de nos pensées, l'issue d'une vie tranquille. l'esprit, la fille de la charité et la sœur de la douceur. Optimus animus est pulcherrimus Dei cultus.

"RG"